LAILA

Nota del editor: todas las palabras marcadas con asterisco a lo largo del texto se encuentran recogidas en el glosario final.

NAUTILUS

LAILA

Laila Karrouch

PLANETA & OXFORD

Avda. Diagonal, 662-664, 08034 Barcelona

Parque Empresarial San Fernando. Ed. Atenas. 28830 Madrid

Ilustración de cubierta: Katja Enseling

Primera edición: enero 2005
Segunda impresión: marzo 2006
Tercera impresión: abril 2007
Cuarta impresión: octubre 2008
ISBN: 978-84-96336-80-3
Depósito legal: M. 47.896-2008
Impreso por Brosmac, S. L.
Impreso en España – Printed in Spain

FICHA BIBLIOGRÁFICA

KARROUCH, Laila
Laila, Laila Karrouch – 4ª impresión –
Barcelona: Planeta & Oxford, 2008
Encuadernación: rústica ; 136 págs. 13 × 19,5 cm –
(Nautilus ; 8. A partir de 12 años)
ISBN: 978-84-96336-80-3
087.5: Literatura infantil y juvenil
821.134.2-3: Literatura española. Novela
Tratamiento: realismo. Tema: realidad social

LA DESPEDIDA

No había muerto nadie, pero el pueblo parecía estar de luto, y lo que menos deseaba yo era tener que vivir esas horas tan tristes. Todos venían a despedirse a la casa grande, la casa en la que iba a dejar atrás los recuerdos de mi infancia.

Era el mes de agosto de 1985. Tanto había deseado que llegase ese día que, cuando llegó, me hice un lío de sentimientos y tuve sensaciones que no había tenido nunca.

—¿Pensarás en nosotros cuando te hayas marchado? —preguntaba mi abuela, mi querida y dulce yaya.

Se me humedecieron los ojos, pero no le contesté. Sólo le sonreí y bajé tímidamente la mirada. De repente, la voz de una niña me llamó.

—¡Laila, Laila! —Era mi vecina, Hakima, que tenía un año más que yo—. ¿Es verdad que te vas a Hispania*?

—Pues, sí —contesté orgullosa.

—¿Y volverás? ¿Cuándo volverás? —me preguntó la inocente Hakima.

No me había parado a pensar en eso. De hecho, ni se me había pasado por la cabeza volver.

—No lo sé, Hakima. Quizá no vuelva nunca. En Hispania estaré muy bien. Tendré todo lo que quiera: juguetes, ropa nueva, zapatos, faldas... Allí todos tienen mucho dinero, ¿sabes? —repliqué mientras volvía la cabeza y me daba media vuelta, dejando a la pobre Hakima con la palabra en la boca.

Entré en la casa y la miré de arriba abajo. Era una casa muy grande. Por lo que decía mi abuela, debía de tener unos doscientos años. La puerta de la entrada era enorme y muy gruesa, pintada de color azul. Las paredes eran blancas. Había una cocina comunal; en ella, las mujeres de la casa cocinaban para todos los miembros de la familia. Nunca reñían sobre quién tenía que cocinar; lo hacía la primera que podía.

Junto a la cocina se hallaba el trastero de mi abuelo. Allí no nos dejaba entrar solos, porque dentro guardaba las herramientas con las que trabajaba los campos.

—Son herramientas muy importantes, y algunas son peligrosas para los niños. Podríais haceros daño, por eso no quiero que entréis si yo no estoy —nos explicaba el abuelo en un tono muy serio.

La casa tenía un gran patio central descubierto. Había tres habitaciones alargadas y el espacio estaba muy bien aprovechado. Al fondo del dormitorio, el abuelo, con la ayuda de un chico del pueblo, había construido una pared de piedras y barro para hacer una separación. Sólo dejó abierto un espacio del tamaño de una puerta para que pudiéramos entrar. Mi madre, con mucha imaginación, cogió retales viejos de telas de colores y los cosió para hacer una cortina muy divertida, que daba un toque de gracia a aquella pared, torcida a pesar de las buenas intenciones con las que estaba hecha. Ése era el espacio reservado para la higiene personal. Mi querido abuelo tuvo el detalle de hacer un pequeño estante con el mismo barro de la pared, para dejar encima una lámpara de aceite y poder vernos cuando nos lavábamos. También hizo una salida para el agua sucia. Para las otras necesidades teníamos que ir fuera de la casa, a un cuartito construido expresamente para ello.

En invierno, mi madre calentaba el agua en un recipiente muy grande. Lo llenaba mucho, porque así tenía suficiente para los cinco hermanos. A veces la calentaba hasta que hervía, luego la mezclaba con agua fría y así conseguía mucha agua tibia. Si no hacíamos que se enfadara mucho, nos dejaba jugar con el agua que sobraba. En verano no hacía falta calentar el agua. ¡Ya hacía suficiente calor!

En el otro extremo del dormitorio había un armario muy viejo. Mi padre se lo había regalado a mi madre cuando se casaron. Siempre que alguien le regalaba algo bonito, como un jarroncito, una flor o una foto de papá, mi madre, toda orgullosa, lo ponía encima del armario, que parecía cansado y dispuesto a desmontarse en cualquier momento. El otro objeto de valor era la cama. Era de hierro, sencilla pero fuerte, muy fuerte. A veces me tumbaba boca arriba y contemplaba el techo que nos protegía. Era un techo de lo más original: a modo de vigas, unos señores habían puesto, de punta a punta, unos troncos muy gordos, redondos y sobre todo muy iguales. Entre uno y otro había una separación de un palmo. En los espacios vacíos habíamos pegado barro mezclado con paja, para que no se filtrase el agua cuando llovía, aunque eso pasaba muy pocas veces al año.

A mi madre no le gustaban mucho esos troncos, así que cogió pintura que le había sobrado de otras cosas y los pintó de colores: rojo, verde, azul y amarillo. Luego volvía a empezar con el rojo. Mirar el techo era una auténtica aventura.

Ahora yo lo estaba mirando: rojo, verde, azul... Lo miraba todo una y otra vez y me grababa en la memoria todas las imágenes que podía.

Mis hermanos también tenían que despedirse de todo y de todos, igual que yo, pero cada uno lo hacía a su manera.

Todo el mundo venía de decir el último adiós.

La vecina de al lado, la *lala** Mimount, y la vecina del otro lado, que también se llamaba *lala* Mimount, pero que era más conocida por la señora de Bouzian, llegaron muy cansadas. Dijeron que venían del pozo, de buscar agua, y traían las burras cargadas de botellas de cinco litros. Eran botellas de aceite, pero las lavaban con lejía y así las podían utilizar para otras cosas.

Cuando las vi acercarse a las dos muy decididas, corrí a buscar a mi madre.

—¡*Iema**! ¡*Iema!* —grité.

No me costó encontrarla. Estaba haciendo el pan. Me oyó en seguida. Se volvió de golpe, como si se hubiera sobresaltado. Debía de estar muy concentrada.

«Pobre mamá —pensé—, siempre está preocupada por una cosa u otra. Sufre por todo y por todos.»

La vi muy triste. Cuando le dije que habían llegado otras dos señoras, no me contestó, y yo me fui sin decirle quiénes eran.

Jamila y Dunia, la hermana de Hakima, me esperaban para ir a jugar al huerto. Les expliqué que me marchaba y que no podía jugar con ellas.

—¿No te puedes quedar un día más? —me preguntó mi prima Jamila.

Me despedí con mucha frialdad; era mi arma secreta para no ponerme a llorar delante de ellas.

Estábamos preparados para subir al coche. Cuando llegó la hora de despedirme de mi abuela y mi abuelo, sentí como si me ardiera el corazón. Ellos debían de sentir algo parecido. Nos abrazamos de uno en uno y después todos a la vez. Mi hermana mayor, Hayat, lloraba como una Magdalena, pero ella siempre había sido una llorona. Yo me aguantaba, no quería que nadie de la familia se diera cuenta de mi debilidad. Tenía miedo de no volver a verlos nunca más. Me asustaba pensar que no volvería a ir los viernes a la mezquita con mi abuela ni oiría la voz de mi abuelo llamándome desde el otro edificio con una bolsa de caramelos en el bolsillo.

—¡Eh, *Laíla*! —me llamaba siempre, pronunciando mucho la «i».

Saqué fuerzas de donde pude y subí al coche de mi tío Said, que nos iba a llevar hasta el aeropuerto.

Él continuaría el viaje hasta los Países Bajos, donde vivía desde hacía años.

No me atrevía a mirar atrás. Sabía que aquello me causaría más dolor. Simplemente me dedicaba a contemplar los paisajes secos que recorríamos y a escuchar el llanto desesperado de mi madre... ¡Qué recuerdos tan melancólicos! No pude evitar apartar la mirada.

A unos dos kilómetros del pueblo, nos encontramos a Benaissa, a Alí, a Driss y a todo el grupo de amigos de mi hermano Nourdine.

Él parecía flotar por los aires; ya hacía rato que su cabeza había dejado el pueblo.

Poco a poco, la imagen de aquellos niños se fue haciendo más y más pequeña ante mis ojos.

«Seguramente la *lala* Mimount está vaciando las garrafas de agua de cinco litros en esa especie de enorme jarro de cerámica, para que se mantenga fresca. Los abuelos habrán parado de llorar y todo volverá a la normalidad», pensaba para mis adentros.

No me había despedido de mi tía Habbiba, que vivía en Nador, a unos quince kilómetros del pueblo, ni de mi tía Luisa, ni de Fadira... ¡Quizá fuera mejor así!

El pueblo de los Karrouch, mi pueblo, ya quedaba muy atrás. Yo vivía unos momentos confusos. La mente se me había quedado en blanco. Notaba que se me dilataban las pupilas poco a poco. Cada kilómetro que recorríamos, de Nador a Melilla, era para mí una fase nueva y desconocida.

El avión había llegado. Era enorme, como un pájaro gigante. Yo no daba abasto a contemplarlo todo. Marruecos ya quedaba muchos kilómetros atrás. «Éste es el avión que me lleva al país de la gloria —pensé—, ¡qué envidia deben de tenerme las niñas del pueblo!» En esos momentos no añoraba a nadie, la verdad, excepto a la abuela y al abuelo. Cuando pensaba en ellos se me hacía un nudo en la garganta que no me dejaba ni tragar saliva.

Estábamos en el avión. Había perdido de vista el equipaje y empezaba a inquietarme, pero no me atrevía a preguntar a nadie por él. Una señorita muy elegante se acercó a mi padre y empezó a hablarle. Seguramente lo hizo en castellano. Luego mi padre nos tradujo lo que había dicho: le había preguntado qué queríamos para comer. Él le había contestado que cualquier cosa mientras no fuese cerdo, porque la religión musulmana nos lo prohíbe. Entonces entendí la cara de extrañeza que había puesto la chica. No recuerdo cómo era físicamente, pero me fijé, eso sí, en que no llevaba la cabeza cubierta con un pañuelo como las mujeres de Marruecos.

Mi hermana pequeña, Karima, no se separaba de mi madre. Seguramente estaba asustada. Yo me preguntaba si el enorme pájaro podía aguantar tanto peso: toda aquella gente y las maletas... Y eso que parecía que nadie llevara equipaje.

Miré a mi padre de reojo. Parecía contento y preocupado al mismo tiempo. La expresión de su rostro lo reflejaba todo.

Mi madre parecía agotada, ¡había llorado tanto! Karima y Rashida jugaban tímidamente. ¡Pobres, eran tan pequeñas! Karima tenía dos años y Rashida, cuatro, pero eran como gemelas. Y mientras, yo seguía haciéndome la misma pregunta: ¿cómo es que no llevamos nuestro equipaje?

LA LLEGADA

Estaba muy oscuro. Debí de dormir mucho rato, porque cuando abrí los ojos, ya habíamos llegado; no sabía adónde, pero habíamos llegado. Había luces y más luces por todas partes. Me gustaba mucho, pero también me asustaba.

Mi padre lo notó y nos explicó por encima el recorrido. Yo le escuchaba atentamente.

—Ahora estamos en Hispania, en una gran ciudad, mucho más grande que Nador.

Sólo le mirábamos, claro, ¿qué más podíamos decir?

Nos devolvió las miradas y dejó escapar una risa forzada. Debía de estar muy cansado. Él caminaba y nosotros le seguíamos. Todo el mundo iba en la misma dirección.

—¡Mira, *iema*, el equipaje! —dije para romper el hielo.

Por fin había articulado mis primeras palabras fuera de mi «espacio» natal. Mi padre se rió de nuevo.

Rashida, con sus coletas, una a cada lado de la cabeza, fue corriendo hacia las maletas. Karima no se atrevía a separarse de mamá. Se agarraba a la chilaba* con las manitas y no se soltaba para nada. Mamá tenía mucho calor, como todos, y se tiró un poco hacia atrás el pañuelo que le cubría la cabeza, pero en seguida se lo volvió a subir, porque un señor árabe se acercó a nosotros y saludó a mi padre.

—*Salam Alikum** —dijo. Era el primer musulmán que veíamos desde nuestra llegada.

Caminamos mucho rato y luego subimos a un vehículo en el que ponía «Taxi», según dijo Nourdine, porque él sí que sabía leer un poco.

—Los franceses también lo escriben así —nos informó, dándose humos.

Subimos al tren. La mirada de mi padre iba de un lado a otro y por todo alrededor; debía de estar controlando para no dejarse a nadie.

Pero nosotros éramos su sombra: hubiera sido muy difícil que nos perdiera.

Rashida y yo nos sentamos junto a mamá; Karima, como siempre, se sentaba en su falda.

Recuerdo vagamente a la señora que estaba sentada junto a mi padre, delante de nosotras. Era rubia y simpática, con un aspecto dulce y agradable. Seguramente tenía mucho dinero. No paraba de mirarnos a todos, de uno en uno, pero al final se quedaba con la imagen de Karima. La miraba y se reía. Karima no reía. La señora del cabello rubio sacó del bolso una moneda de color oro. Era una moneda de cien pesetas, de las de antes.

—Toma, guapa, para ti —dijo dirigiéndose a Karima.

Ella miraba la moneda, pero no quería cogerla, aunque Rashida y yo le insistíamos para que la cogiese. La señora insistió mucho, pero al ver la respuesta negativa de Karima, se la regaló a la «simpática», a Rashida. Ella sí que la aceptó. Y por fin mamá sonrió; no se lo había visto hacer desde que empezamos el viaje.

El viaje en tren fue larguísimo. Pasado mucho rato, el tren se paró y nos bajamos. Ya estábamos en la ciudad en la que viviríamos, prácticamente habíamos llegado a nuestro destino.

Mirábamos de aquí para allá, a la derecha y a la izquierda. De vez en cuando, nuestras miradas se cruzaban. En medio de tanta oscuridad, rota por tantas luces, nos sentíamos muy perdidos. Mi madre volvió a echarse el pañuelo hacia atrás, con un gesto muy inseguro, y miró de reojo a mi padre para ver si él le iba a decir algo. Pero mi padre estaba demasiado ocupado con las maletas.

Hayat y Nourdine caminaban boquiabiertos, con las bolsas de comida en la mano. Rashida y yo hacíamos lo mismo, y Karima dormía en los cansados brazos de mi madre.

No sé qué hora debía de ser, pero yo tenía mucho sueño. Caminamos y caminamos. Se me empezó a pasar el sueño y a cada paso que daba por las calles de la ciudad me sentía un poco más despierta.

—Mirad, ésta es la calle Princesa; aquélla, la de los

Comuneros; esta de aquí, la de San Antonio... —iba diciendo papá —. Y ésta es la calle de San Pablo, «nuestra calle». Hay muchos pisos, unos encima de otros. Eso no quiere decir que en esta ciudad no haya casas de una sola familia, pero hay menos que en Nador.

Durante el trayecto desde la estación hasta la calle San Pablo, nos fue explicando cosas de la gente de allí, para que no se nos hiciera ni tan extraño ni tan pesado.

—En esta tierra la gente trabaja mucho durante todo el año. Trabajan de lunes a viernes, y muchos hasta el sábado.

Nosotros no preguntábamos ni cuestionábamos nada, sólo escuchábamos. De vez en cuando, mi madre, cuando mi padre la miraba, asentía con la cabeza, pero tampoco hacía preguntas.

Llegamos al número veintinueve de la calle San Pablo y nos detuvimos. Pareció como si nos hubiéramos leído el pensamiento, porque todos, menos mi padre, hicimos el mismo gesto: alzamos la mirada para localizar el tercer piso.

—Esto es muy alto —dijo Hayat, que por fin parecía aterrizar.

Ella y Nourdine dejaron las bolsas en el suelo y volvieron a inclinar hacia atrás la cabeza. Yo ya lo había hecho dos o tres veces, y había examinado «nuestra calle» de arriba abajo.

Parecía ser una calle estrecha y con muchos edificios de pisos como el que teníamos enfrente, incluso los había más altos.

—Alguien debe de haber subido por la escalera ahora mismo, porque la luz está encendida —comentó papá.

Subimos por la escalera en fila india con papá delante. Mamá, que aún llevaba en brazos a Karima, aunque ya se había despertado, iba la última, para asegurarse de que subiéramos todos, especialmente Rashida.

Fui la segunda en entrar, después de mi padre. La puerta me pareció diminuta en comparación con la puerta de la casa grande de Marruecos. El piso estaba a oscuras. Esperábamos que papá sacara del bolsillo una luz de aceite o unas velas, pero no fue así: tocó un interruptor y sin más complicaciones, el piso se iluminó. «Como la casa de los abuelos de Holanda en Nador», pensé.

Estábamos tan cansados que casi no articulamos palabra, pero sí que miramos el piso de una punta a otra, de arriba abajo. Era un espacio mucho más reducido que aquel al que estábamos acostumbrados.

Fui directamente al cuarto de baño. En mi pueblo sólo teníamos un agujero en el suelo, los váteres eran para la gente que se los podía permitir.

En Nador mucha gente lo tenía, incluso mi abuela de Holanda. Cuando estaba de vacaciones en Marruecos con el abuelo Shaib, nos dejaba utilizarlo.

—Aquí a la derecha, después del cuarto de baño,

hay una habitación, el comedor y, al fondo, la cocina. A la izquierda tenemos dos dormitorios más —explicó mi padre.

No era exactamente lo que había esperado, pero me pareció un pisito muy acogedor aunque, eso sí, echaba en falta un patio central como el de «allá».

—Las niñas en la habitación grande y Nourdine en la otra, solo.

Eso lo decidieron nuestros padres.

«Es injusto», pensé. Éramos cuatro niñas y él sólo era uno.

En la habitación había dos camas de matrimonio: una para Rashida y Karima y la otra para Hayat y yo. Mis padres dormían en la habitación de al lado.

No cenamos: hacía poco rato que nos habíamos comido los últimos bocadillos que llevábamos para el viaje y no teníamos hambre.

—¿Tengo que dormir a tu lado? —le pregunté a Hayat.

—Pues sí, te guste o no —me contestó, y se tumbó en el lado bueno de la cama y se durmió. A Hayat no le costaba nada quedarse dormida.

Me senté sobre la cama, a su lado. Rashida y Karima dormían en la otra cama, como dos angelitos. Debían de estar muy cansadas, porque era muy raro el día que se dormían sin tener una «pelea de hermanas».

«Seguramente Nourdine se habrá quedado frito como nunca: una habitación y una cama para él solo, sin ningún hermano pesado que le coja el lado bueno», pensé. Luego volví la cabeza para contemplar el resto de la habitación, sobre todo aquel armario que mi padre había comprado hacía tiempo para cuando pudiéramos venir. Era un armario de cuatro puertas de color oscuro, muy antiguo y que nunca me llegó a gustar, pero, eso sí, era mejor que el que mi madre tenía en Marruecos.

Además, en nuestro dormitorio, junto a la cama de Karima y Rashida, había una ventana muy grande y muy alta. Para poder ver la calle desde esa ventana, tenía que subirme a una silla o a algún taburete.

Pasaban las horas y yo no conseguía dormir. El silencio era casi absoluto. Sólo oía la profunda respiración de mis hermanas y la voz de mi padre.

—*Al·lah Uakbar** (Dios es grande).

Así empezaba la oración de mi padre. Como durante el viaje no había rezado ninguna de las oraciones del día, tenía que recuperarlas: la de la mañana, la del mediodía, la de la tarde, la del crepúsculo y la de la noche, que era la más larga. En Marruecos, casi todo el mundo reza las cinco oraciones todos los días, incluso niños mucho más pequeños de lo que yo lo era en aquel momento. Pero nosotros aún no rezábamos, ni Hayat, ni Nourdine, ni yo.

Había pasado poco rato desde nuestra llegada, pero no se oía a nadie, todos dormían.

—Buenas noches a todos —dije en voz baja.

Entonces, poco a poco, como cuando se extingue una vela, me fui quedando dormida.

LA CIUDAD

Nos despertamos todos muy temprano, bueno, todos menos Hayat, que era muy dormilona. Yo había pasado una buena noche, y eso que en Marruecos estaba acostumbrada a dormir en el suelo. Siempre me había parecido muy cómodo. Mi madre ponía una alfombra debajo y unas mantas viejas encima. Dormíamos todos en la misma habitación, hasta mamá y Nourdine.

Mi padre quiso salir con Nourdine para presumir de hijo delante de sus amigos; Karima, Rashida y yo los esperamos en la puerta. Estábamos muy inquietas, sobre todo yo.

Enfrente del número veintinueve vimos una charcutería. Era la tienda de Kati, una señora delgada, morena y trabajadora como una hormiga.

Después mi padre nos llevó hasta la plaza de los Mártires. Los niños jugaban a las canicas y muchos iban en bicicleta. ¡Qué envidia! Yo no tenía bicicleta. La verdad es que tampoco sabía montar. Pero quizá algún día llegara a tener una.

De repente vi una imagen que se me quedó grabada en la cabeza: una chica conducía un coche y llevaba un cigarrillo en la mano, algo que nunca había visto en mi país. Aquella chica, en Nador, hubiera llamado la atención. Todo el mundo se habría quedado mirándola. Aquí nadie la miraba. La seguí con la vista hasta que desapareció.

La religión musulmana no permite fumar, ni a los hombres ni a las mujeres, pero en Marruecos muchos hombres fuman y beben.

El paseo fue muy corto. Mi padre quería ir a descansar un rato más. Me acordé de que el lunes tenía que ir a trabajar.

El primer día en nuestra nueva ciudad fue como un sueño. No sabía cuál sería mi futuro, pero sí sabía que ese presente me iba a cambiar la vida completamente. Nueva vida, nuevas amistades... Todo era demasiado nuevo. No sabía si algún día llegaría a adaptarme. Ignoraba qué me esperaba, cómo aprendería el idioma. Una pregunta me llevaba a otra y nadie me podía dar las respuestas. Empezaba a inquietarme.

Era lunes, mi padre había comenzado su jornada de trabajo. Era muy trabajador, todo el mundo lo decía. Trabajaba a tres minutos de casa, en un almacén de hierros, y ya llevaba mucho tiempo en la empresa.

Los primeros años habían sido muy duros: sin papeles, trabajando a escondidas y cobrando muy poco. Pero esta vez había tenido más suerte y no lo habían expulsado del país como le ocurrió en 1976 (el año en que nació Nourdine). Entonces lo echaron porque no tenía papeles. Se ve que en esa época mucha gente se colaba sólo con el pasaporte y nada más.

Estaba muy contento con sus compañeros y con el «jefe». Siempre que nos enviaba cintas con su voz grabada a Marruecos, nos hablaba mucho de Antonio, de Félix y de los otros.

Ahora sí que me sentía como un pez fuera del agua, porque papá nos dejaba solos mientras trabajaba y no podíamos comunicarnos con nadie. No entendíamos ni una palabra de español.

Mi madre tenía aspecto de estar muy cansada. En poco tiempo, su rostro había envejecido y su mirada reflejaba angustia, tristeza, miedo e inseguridad. Se debía de sentir peor que yo, y se hacía la misma pregunta que muchos de nosotros: «Y ahora, ¿qué?». Por suerte, tenía a Hayat, delgada y despierta, que ya era una «mujer» de doce años y le ayudaba.

Nourdine se había atrevido a bajar solo a la calle y a ir hasta la plaza de los Mártires.

Karima, Rashida y yo, siempre las tres juntas, dejamos nuestra timidez a un lado y bajamos hasta el portal a esperar que llegara nuestro padre. Nos entretuvimos contando los coches que pasaban por la calle.

—*Salam Alikum* —oímos de repente. Era papá.

Nos hizo subir a casa a comer y nos dijo que lleváramos cuidado con los coches. La comida ya estaba en la mesa. Nos sentamos todos menos Karima, que no quería estar con papá, porque no conocía a ese señor alto y con bigote. Prefería comer sola en la cocina. Mamá se enfadó, pero papá comprendía a Karima: él siempre había vivido lejos de nosotros y sólo nos veía cuando podía hacer una escapada hasta el pueblo de los Karrouch.

Costó un poco, pero al final Karima volvió a compartir la mesa con nosotros. Era la «niña» de nuestros padres. Pero yo no le tenía envidia, porque ya había cumplido ocho años y era capaz de entender muchas cosas; en cambio, a Rashida no le gustaba mucho que Karima fuera la «niña», aunque la verdad es que a ella también le hacían mucho caso. De todas formas, el «preferido» era Nourdine, el único macho entre cuatro hembras. Nourdine era un niño muy inteligente y despierto. No hacía falta repetirle las cosas dos veces. Le gustaba mucho ir con papá a todas partes. Además, siempre que se encontraban con algún conocido, le daban monedas de veinticinco o de cien pesetas (por aquel entonces no existían los euros). A veces, con ese dinero, le compraba chicles a Karima.

Habíamos llegado hacía dos días y no conocíamos a nadie. Yo sufría por mis abuelos. Pensaba mucho en ellos, sobre todo en mi abuela. Era una mujer muy fuerte, pero me daba miedo que algún día se pusiera enferma y nadie pudiera cuidarla, y eso que vivía con mis tíos, mis dos primas, Suad y Savah, y en la casa de al lado vivían la tía Aisha y Jamila y Saida...

Antes, cuando se ponía enferma, yo la cuidaba mucho. Iba al pozo con Hakima y Saida, mi prima mayor, y le llevaba agua fresca, le hacía el té con menta como a ella le gustaba, daba de comer a los conejos y metía a la burra en el establo. Entonces se ponía muy contenta. Cuando la yaya le enviaba cintas grabadas a mi padre, siempre le decía que «tu Laila es muy cariñosa y me cuida mucho».

Y a mí, claro, me gustaba mucho oírle contar todo eso.

También echaba a faltar el cuscús* que hacía, y muchas otras cosas. Ahora sabía que nada de eso volvería a ser como antes. Había momentos en que me sentía como un pájaro enjaulado.

Era martes, día de mercado.

—Hay mercado el martes y el sábado. Es al aire libre, en la plaza Mayor, una plaza muy grande y muy bonita. Os gustará —nos explicó papá, y luego añadió—: Nourdine sabe dónde está y os acompañará.

Nourdine nos miró con cara de pocos amigos. Creo que se había hecho a la idea de que iría él solo.

Hayat y mamá se quedaron en casa para preparar la comida y nosotros cuatro fuimos al mercado. Papá, como siempre, tuvo que ir a trabajar.

Mi padre tenía razón: la plaza Mayor era enorme y el mercado estaba lleno de gente. Revisé todos los puestos de un lado a otro, pero, eso sí, con Rashida siempre a mi lado. Karima prefirió darle la mano a Nourdine.

Había muchos puestos, de todos los tamaños, que llenaban toda la plaza. A simple vista, especialmente los puestos de ropa se parecían mucho a los de Marruecos, pero cuando te acercabas, resultaban ser muy diferentes.

Eché una ojeada rápida y desorganizada por todas partes. Luego nos paramos un momento delante del reloj de la plaza. Desde allí observamos cómo la gente, sobre todo las señoras, se compraba ropa y más ropa.

—¿Cuánto vale esta camisa, chico? —preguntó una señora mayor.

—Mil quinientas pesetas —le contestaron.

Aquella señora, de cabello corto y teñido, volvió a mirar la camisa, se la probó por encima y se la quedó.

Me sorprendió un poco que pagase la camisa tan rápido. «Quizá aquí la gente no regatea», pensé. En Marruecos todo el mundo lo hace, especialmente durante los meses de verano, cuando los precios se disparan.

También vimos puestos de fruta, de bisutería, de cerámica... Y todo me gustó mucho.

El mercado de Marruecos también era muy bonito. La gente que podía montaba el puesto con hierros y un trapo encima. Otros vendían desde el camión de transporte. Los más pobres tenían que conformarse con poner un trapo en el suelo y colocar sus cosas encima.

Lo que más me gustaba en Marruecos era el mercado de animales. Se vendían desde conejitos pequeños hasta burros, caballos, bueyes, etc. A esos animales tan grandes, los dueños solían atarlos a unos grandes clavos metidos en la tierra, para que no pudieran escaparse. A cada uno le ponían el precio que creían conveniente.

Mi madre solía entretenerse mucho en los puestos de comida. En unos preparaban platos típicos; en otros, pastelillos, y en otros vendían *zaxneft** hecho en casa. La mayoría vendía la comida al aire libre, aunque algunos tenían una especie de quiosco. Al final del día cerraban las puertas, igual que las tiendas.

A nosotras nos hubiera gustado quedarnos más rato en el mercado de la plaza Mayor, pero Nourdine no quiso.

—Id a los columpios de la plaza del ambulatorio si queréis. Está al lado de casa —nos dijo, y nosotras le obedecimos.

Ese mismo día, papá me regaló unos tejanos. Fueron mis primeros tejanos. Me los puse inmediatamente. ¿Los habría comprado en el mercado?

Al cabo de unos días, ya salía mucho a la calle: compraba el pan en una panadería que estaba en la plaza de los Mártires y el queso en la charcutería que había delante de nuestro bloque de pisos. Pero mi padre no nos daba mucho dinero para la compra.

La gente de allí, especialmente las señoras, compraba muchas cosas. Que si el pan, que si la carne... En Marruecos es al contrario, son sobre todo los hombres los que se encargan de la compra.

En la esquina de la calle San Pablo, una señora mayor, bajita, de cabello blanco y con gafas, nos decía todas las mañanas: «Buenos días». Y nosotros le devolvíamos el saludo amablemente.

VOY A LA ESCUELA

El mes de septiembre de ese mismo año, 1985, mi padre nos llevó a matricularnos en la escuela.

Fuimos todos menos Karima y mi madre, que se quedaron en casa. Papá nos explicó que el sistema era diferente del que teníamos en el pueblo de los Karrouch, que aquí se empezaba la escuela a los cuatro años y no a los siete, y que no teníamos que ir a la mezquita para aprender las oraciones del Corán, porque aquí no había ninguna.

—Tampoco hay un *rafki** —nos explicó mi padre.

En Marruecos, el *rafki* nos hacía sacarnos los zapatos y luego nos sentábamos todos en el suelo. Nos controlaba la higiene personal: los pies, las manos, las orejas... Teníamos que tener todo muy limpio, si no nos hacía lavarnos en el fregadero que había en el patio de la mezquita. El *rafki* era muy exigente en este aspecto y nos lo dejó muy claro desde el principio:

—No es bueno leer las palabras sagradas del Corán sin un mínimo de higiene.

Mi madre siempre nos hacía una revisión antes de

salir de casa, pero de todas formas, a mí, el *rafki* me reñía muy a menudo, porque en el camino hasta la mezquita siempre me ensuciaba la ropa chutando piedras o con el barro...

En la escuela, los profesores nos hablaban. Nosotros sonreíamos, pero no entendíamos nada de lo que nos decían. Por suerte, mi padre contestaba a todas las preguntas.

Nos dieron una lista de libros y material. Y papá compró ropa, zapatos y botas para todos.

—Quiero que os esperéis los unos a los otros. Así no os perderéis. Sobre todo vigilad a Rashida —avisó nuestro padre a Hayat y a Nourdine. Ellos dijeron que sí con la cabeza.

Nati, Mercedes, Carmen y todos los otros profesores nos ayudaron muchísimo para que pudiéramos adaptarnos. Nati hacía «clases extra» de doce a una, y Mercedes, que tenía un aula a su cargo, nos venía a buscar entre clases para darnos lecciones particulares.

No nos costó mucho aprender. Sólo éramos dos familias magrebíes y eso facilitó las cosas.

Jamila, que iba a mi clase, hacía años que vivía en la ciudad y no hablaba muy bien el árabe. Tampoco hablaba bereber*, así que yo tenía que aprender de prisa si quería comunicarme con mis compañeros.

Yo estaba en la clase de primero de básica y Rashida, en segundo de parvulario. Nourdine y Hayat siempre iban a la misma clase y los pusieron en tercero. Pero Nourdine tenía mejores notas que Hayat.

Mi maestra se llamaba Elena. La recuerdo como si tuviera su foto grabada en la memoria. Era rubia y de ojos azules, una mujer muy dulce y con un don especial para la enseñanza. La quería mucho.

Me gustaba mucho mi nueva vida. Todo era tan distinto...

Pasaban los días. Yo ya era capaz de decir palabras en español. La primera frase que me enseñó mi padre fue: «No entiendo español».

—Así no quedarás mal y no te seguirán diciendo más cosas porque sabrán que no hablas su idioma —me decía constantemente.

En el fondo, el asunto del idioma no me preocupaba tanto como otras cosas. Sabía que, con la ayuda de los maestros, aprendería rápido. Jessica, Sonia y Teresa, que eran mis amigas de la clase, también me ayudaban mucho.

Para noviembre ya dominaba bastante la situación.

Mi padre decía que hacía una sopa de idiomas, y reconozco que me molestaba un poco, porque Hayat y Nourdine se reían.

Mi pobre madre no salía de casa, porque mi padre decía que había que mantener la tradición. Se lo dijo desde el primer momento. Él se encargaría de todo lo que supusiera salir a la calle. Mamá no dijo nada; aun más, creo que, en parte, se alegró un poco, porque le daba miedo enfrentarse a la realidad. Muchas veces, cuando llegaba del colegio, con Rashida cogida de la mano, notaba que los ojos de mamá estaban húmedos y tristes. En seguida sabía si había llorado o no, y puedo decir que, casi siempre, había llorado.

Se acercaba diciembre y todo el mundo hablaba de la Navidad. Los niños de la clase estaban muy contentos, porque decían que los Reyes les regalarían muchas cosas. «¡Qué reyes más generosos!», pensé. En Marruecos sólo tenemos un rey y no nos hacía regalos, ni en diciembre ni en ningún otro mes.

Cuando le expliqué a mi padre que aquí tenían muchos reyes y que eran muy generosos, se puso a reír como nunca. Después me explicó que los Reyes Magos de Oriente traían regalos a los niños que se habían portado muy bien durante el año. A los que no, les traían carbón, pero de caramelo, claro.

Me explicó también que se trataba de una fiesta típica, como nuestra *I'd-Adha** (la fiesta del cordero). Para la *I'd-Adha*, que se celebra un día después del Ramadán*, a nosotros, los niños, nos compraban ropa nueva y nos ponían *henna** en las manos, los pies y el cabello. Mi abuela decía que la *henna* era como un medicamento.

—Alivia el dolor y ablanda los pies.

A mí no me gustaba nada llevar las manos y los pies de color naranja, porque todos los niños me preguntaban qué era y por qué me la ponía. A algunos incluso les daba un poco de asco. Jessica, Sonia y Teresa lo respetaban, pero no lo entendían.

Descubrí que la Navidad me gustaba mucho. «Cuando hable con Hakima, se lo explicaré todo: que papá nos ha comprado muchas cosas, que voy al colegio, que tengo amigas y que la Navidad es muy divertida», pensaba.

Los Reyes nos regalaron muchas cosas. Nunca había estado tan contenta. A mí me regalaron muchos juegos y carpetas para el colegio. A Karima le regalaron una muñeca con un cochecito y todo. Al parecer, alguien le dijo a mi madre que fuera al ayuntamiento, porque allí nos darían regalos. Papá decía que eran de los Reyes, pero yo sabía que eran del ayuntamiento. Hayat me lo había contado.

En clase cantábamos canciones muy bonitas, *Jesús y María*, *Campana sobre campana*, *El chocolatero*, etc.

Jamila me explicó que el Jesús de aquí es el mismo que el nuestro, pero que nosotros le llamamos de otra forma, *Sidna Aissa*, y que María es *Mariam*. El *rafki* nos había hablado de todos estos temas en la mezquita.

Pero esos días mi padre estaba muy preocupado y yo no acababa de entender por qué. Cuando una cosa le preocupaba, cogía los Ducados y fumaba mucho mientras se bebía una taza de té tras otra. El té le gustaba muy dulce. A mi madre tampoco se la veía alegre. Pero no comentaban nada delante de nosotros. Estaban tristes y desentonaban con la alegría que sentíamos nosotros en esa primera Navidad lejos de Marruecos.

LOS PRIMEROS PROBLEMAS

El 1 de abril cumplí los nueve años. Ahora era un poco más responsable. Hayat ya tenía la regla, así que debía ayudar más a mamá en casa. Nourdine era un «hombre» y ¡eso le permitía quedarse más rato con sus amigos! Mamá le dijo a Hayat que cuando saliera del colegio, a las cinco, regresara directamente a casa y que ya me quedaría yo a esperar a Rashida. Rashida se encantaba fácilmente y a veces conseguía que me enfadara mucho, pero reconozco que me gustaba mandarle.

Un día, a las doce, cuando salíamos de la escuela, una niña gitana, más pequeña que yo, se me acercó y me dijo que su madre no le dejaba jugar con «moras». Yo le contesté que peor ella, que era una gitana, aunque después me sentí mal por haberlo dicho. A mi padre no le gustó ni mi comentario ni el de ella.

Al día siguiente, aquella niña se me volvió a acercar, pero esta vez iba acompañada de uno de sus hermanos, un niño que debía de estar en sexto o séptimo. No tenía buenas intenciones; me quería pegar. Reaccioné rápidamente y me escapé corriendo. Por suerte, yo era muy rápida y no me pudo alcanzar. Di toda la vuelta al colegio por fuera y al final se dio por vencido. De todas formas empecé a ir con mucho cuidado, por lo que pudiera pasar. Tenía que evitar al enemigo. En seguida me dejó en paz. Quizá pensó que yo era demasiado pequeña y que no valía la pena. ¡Qué suerte!

Sergio, que era testigo de Jehová, aunque al principio no lo quería reconocer, también me llamaba «mora». A veces no me dejaba jugar con él, pero yo tampoco quería hacerlo. En cambio, David, el primo de Jessica, siempre me decía que si quería jugar con él al fútbol, no había problema. Y muchas veces lo hacía. Aunque también me gustaba jugar a las gomas con las niñas.

Lo que realmente me encantaba era el baloncesto. En mi pueblo nunca había jugado a ese juego tan divertido, ni siquiera lo conocía. En Marruecos, con Jamila y Hakima, hacíamos muñecas poniendo dos palos en forma de cruz. Los atábamos por en medio con un lazo y los vestíamos. Y si mi madre nos castigaba a quedarnos en la habitación y no teníamos palitos, cogíamos ropa sucia y formábamos dos bolas, una pequeña para la cabeza y una grande para el cuerpo. A Hayat se le daba muy bien.

Un día le expliqué a mi padre que sabía jugar al baloncesto y se puso muy contento. Pocos días después me apuntó con un grupo de niñas del colegio para que jugara con ellas. Me puse muy contenta. Nuestro entrenador se llamaba Ramón y también vivía en la calle San Pablo. Yo jugaba bastante bien; aunque era baja, corría mucho. ¡Hacía de base! Montse jugaba mejor que yo. Beatriz también lo hacía muy bien. Estaba muy a gusto con aquellas niñas. Nunca me habían hecho sentir diferente y no había ningún tipo de discriminación entre nosotras.

Aunque no dejaba de pensar en mi gente, no me sentía nada mal aquí. Los fines de semana íbamos a un pantano cercano, para no aburrirnos. Y mi madre nos acompañaba. ¡Por fin salía a la calle!

Mucha gente la miraba porque llevaba chilaba y un pañuelo en la cabeza. Ella no se sentía muy cómoda; mi padre lo notó en seguida, pero no dijo nada. Una vez, mi madre le preguntó si podía sacarse el pañuelo, pero él le contestó que no. Ella no insistió. Era una mujer que lo aceptaba todo y que no se atrevía a replicar, excepto cuando se enfadaba mucho. Entonces no callaba. ¡Y tenía un genio!

Salir a la calle no la ayudó mucho. Cuando la veía triste, le preguntaba cosas de su pasado y ella me contestaba a todo. Me explicaba lo que hacía en Argelia, cómo vivían, que tenía que cuidar a sus hermanos pequeños... Pero decía que no se sentía argelina sino marroquí, y por eso tomó la nacionalidad. Se ve que en Argelia lo pasaron muy mal.

—Había pobreza y más pobreza —solía decir—. En Marruecos teníamos más futuro. Argelia estaba demasiado saturada. Todos pedían ayuda a todos. Y como la situación de todos los de la familia era parecida, no nos podíamos echar una mano los unos a los otros.

Así, de comentario en comentario, parecía olvidarse un poco del presente, y hablando de sus padres, sus abuelos y sus hermanos, dejaba escapar una sonrisa.

Era de noche y mis hermanos estaban durmiendo. Mis padres discutían en voz baja, pero yo les oía. Me levanté de la cama y me puse a escuchar detrás de la puerta. Sabía que no tenía que hacerlo, pero algo impedía que mis padres fueran felices y los angustiaba. Ésa podría ser la ocasión de descubrirlo.

—No, no, Ahmed, ahora no podemos volvernos atrás. ¿Qué diría la gente? ¿Y los niños? Nos ha costado mucho llegar hasta aquí.

—¿Y qué sugieres, Fadma? Gano sesenta y tres mil pesetas y pago dieciocho mil de alquiler; luego está el agua, el gas, la electricidad y todo lo demás. No es como en Marruecos, que no pagamos nada de eso —decía mi padre.

—No lo pagamos porque no tenemos ni gas ni luz, y el agua ¡la cogemos del pozo! De todas formas no podemos volver a Marruecos. Haré lo que sea, pero quiero que mis hijos tengan una vida mejor.

La discusión continuó. ¡Por fin lo entendía todo! ¡Qué decepción! ¡Y yo que creía que mi padre tenía mucho dinero! Pues no era así. Estaban discutiendo porque no ganaba lo suficiente para mantenernos a todos. No ganaba tanto dinero como yo quería decirle a Hakima.

Al día siguiente, mi madre nos acompañó al colegio. Cuando vio a la madre de Jamila, se le iluminó la mirada y lanzó un suspiro. Debió de sentirse un poco más segura. No dudó ni un instante. Se acercó a ella y se presentó. Luego le explicó la situación en que nos hallábamos. ¡Pobre mamá! Cuando lo recuerdo, todavía se me saltan las lágrimas. Nunca la había visto tan desesperada como aquel día. Tenía el rostro marcado por el sufrimiento... Era muy buena mujer. En el pueblo, todo el mundo la conocía como «Fadma'n Shaib». Shaib era su padre. Todos sabían que podían contar con ella para lo que hiciera falta. Siempre estaba dispuesta a ayudar, pero nunca pedía favores a nadie e intentaba resolver cualquier problema ella sola. Sin embargo, ese día no le costó abrir su corazón a aquella señora «desconocida» y pedirle ayuda. Y aquella señora, Sumisha, le dijo que fuera a ver a una tal Pepita, porque ésta le podría dar trabajo. Incluso la acompañó, y la tal Pepita le dio trabajo para hacer en casa.

Era muy fácil.

—Sólo hay que poner cola en la tela y luego pegar la piel encima —le explicó Sumisha.

Mi padre se puso muy contento. Y se dio cuenta de que las palabras de mi madre no se las llevaba el viento. A partir de entonces, ella misma iba hasta la casa de Pepita con un carro de la compra a buscar las bolsas y luego volvía al piso, y eso que tenía que recorrer la ciudad de punta a punta.

A las cinco de la mañana, mi madre ponía en marcha la fábrica, como decía papá. Hayat y yo la ayudábamos. Nourdine se negaba a ayudar y yo me enfadaba mucho con él.

También Hayat y yo nos peleábamos muy a menudo. De hecho, yo discutía con los cuatro, incluso con la pequeña Karima.

Poco a poco, nuestra situación económica fue dejando de ser tan traumática. Mis padres parecían más contentos. Como mínimo ya no estaban angustiados. Poco después hasta Nourdine ayudaba, pero con condiciones, claro: que mamá le pasase los trozos de piel más grandes, las tijeras que cortaban mejor y cosas así. Nos tuvimos que aguantar, ¡qué remedio!

SOY UNA BUENA ATLETA

Al ver el éxito que tenía con el baloncesto, Montse, una ex atleta de la asociación atlética de un pueblo cercano, me propuso que hiciera atletismo, y me gustó mucho la idea. Ella me veía un gran futuro. Con su ayuda, empecé a entrenar. Nourdine ya hacía días que había empezado. Él también era un buen fichaje.

Todos los días, a las cinco de la tarde, Montse iba a entrenarnos al colegio. Allí la esperábamos Nourdine, yo y los otros niños del centro que se habían animado. La verdad es que Montse era una buena entrenadora. Nos daba muy buenos consejos y yo le prestaba mucha atención. De hecho, yo era muy obediente y nunca me daba pereza correr, pero eso sí, a veces acababa cansadísima. Fue entonces cuando por fin me sentí bien y cómoda con los compañeros del colegio y con el grupo de atletas de la asociación. Todo el mundo nos animaba. Finalmente dejé el baloncesto para dedicarme más al atletismo.

Los maestros estaban muy contentos con nosotros. Pero en aquel tiempo perdí de vista a mi querida Elena, que era una profesora excelente. No dejaba de preguntarme adónde se habría ido y por qué. Podría habérselo preguntado a cualquier otro maestro y así descubrir su «refugio», pero no lo hice.

Durante la semana nos entrenábamos y los fines de semana competíamos con los otros niños y niñas de la comarca. Yo corría en la categoría benjamín y Nourdine en la de alevín.

Hacíamos un buen papel en las carreras.

No le podría decir a Hakima que mi padre tenía mucho dinero, pero sí le podría contar todo el deporte que hacía. Primero le hablaría del baloncesto, le contaría que es un juego muy divertido, que es competitivo y que en cada equipo hay cinco chicas. «¡Qué bien!», pensaba, y se me escapaba una sonrisa.

Mi prima Jamila tampoco conocía el baloncesto. En Marruecos, nunca habíamos oído hablar de ese juego, y aunque no hubiera sido así, tampoco habríamos tenido dónde jugarlo ni con qué.

También tenía intención de contarles que practicaba el atletismo, pero, claro, inflando la historia. Reconozco que en ese sentido era un poco mala, me gustaba exagerar un poco..., un poco demasiado, quizá. Pero sabía que Hakima, Dunia y Jamila me creerían.

A Benaissa, hermano de Jamila y primo mío, no le podía decir tantas mentiras, no se las habría tragado. No era demasiado inteligente, pero sí muy listo. Yo no quería jugar mucho con él porque siempre ganaba, y eso no me hacía ninguna gracia.

Era el mes del Ramadán. Mi madre me prohibió observarlo. Me dijo que era demasiado joven.

—Si practicas el Ramadán, no tendrás fuerzas para correr. Así nunca ganarás una carrera —me decía continuamente.

Opté por pactar con ella.

—Lo cumpliré un día y descansaré dos —le propuse.

Al principio no estuvo de acuerdo, pero finalmente lo aceptó, aunque me dijo que en vez de dos días de descanso tenían que ser cuatro. Lo que realmente me importaba era no quedarme atrás. Era muy importante observar el Ramadán. En Marruecos, mi madre no me lo habría prohibido, estoy segura. En la mezquita, el *rafki* nos decía que todo eso era muy importante y que nos teníamos que «ganar la gloria». Y yo, evidentemente, quería ganármela. Si mi abuela hubiera estado conmigo, me habría dado la razón. Días antes de partir, me había insistido en que fuera buena con todos, que rezase las oraciones del Corán, que creyera en mis padres y, sobre todo, que no dejara mi cultura de lado y la sustituyera por otra. Yo siempre le decía que sí a mi abuela. Nunca le llevaba la contraria, aunque no estuviera de acuerdo con ella. Sabía que dijera lo que dijera siempre la obedecería. Además, me había explicado que ella observaba el Ramadán desde antes de tener la regla.

A Hayat le dejaban observarlo durante todo el mes, y ni papá ni mamá le decían nada. Y a Nourdine tampoco.

A mi entrenadora no le gustaba que yo observara el Ramadán. Decía que me pondría enferma y no lo acababa de entender. Mis compañeros de clase tampoco lo entendían. Todos me hacían preguntas, pero por muchas explicaciones que les diera tenía la sensación de que lo único que conseguía era confundirlos más. Claro que, ¿sabía yo por qué lo observaba? Las palabras del *rafki* eran muy claras, pero por la cabeza me corrían muchas preguntas sin respuesta. La verdad es que era una niña de nueve años y me costaba entender muchas cosas, sobre todo cosas que ni los mayores acababan de entender. En Marruecos, cuando tenía alguna duda, corría a buscar a mi abuela y ella me la resolvía. Sin embargo, a veces no era capaz, y entonces me decía:

—Alá así lo quiere, y así me lo enseñó mi madre.

Siempre que decía «mi madre», las lágrimas le caían de los ojos como gotas de agua. Pobrecita, nunca dejaba de repetirme la misma historia.

Me explicaba que se casó a los dieciséis años, en tiempos muy difíciles. Era muy joven y el sexo opuesto le era totalmente desconocido, como lo era para todas las chicas de su época. No podían ver el sexo de un hombre hasta la noche de bodas.

Pasados los siete días preceptivos desde la boda, fue a hacer una primera visita a su madre, como era lo corriente en Argelia, y también en Marruecos. Sería una visita muy especial, porque ya era una mujer completa. Sin embargo, aquella vista nunca tuvo lugar. Su madre no estaba en su casa ni en ninguna otra parte. Nadie sabía nada de ella. Nunca volvió a verla. Seguramente estaba muerta. Quizá alguien la mató. Pero mi abuela suspiraba y decía en voz muy baja: «Tal vez aún esté viva».

Del resto de los miembros de su familia no me contaba casi nada. Yo lo entendía perfectamente y me encantaba escuchar sus historias. Me gustaba mucho situarme en su época y vivir su pasado con la imaginación. Ella siempre me decía que debía tener fe en Alá, porque era la única forma de que nos ayudara y nos escuchara. Alá la había ayudado a emigrar de Argelia, a encontrar un buen hombre como mi abuelo, y a tener unos hijos luchadores y una nieta como yo, me decía continuamente, sonriendo de oreja a oreja y pellizcándome la mejilla. Siempre acababa sus historias con la misma frase:

—*Enxagal·lah* Al·lah* (ojalá Alá) te envíe un hombre muy bueno y que te cuide como tú me cuidas cuando me pongo enferma.

Al recordar sus palabras, me encogía cerrando los ojos, imaginándola a mi lado.

En aquellos días, a menudo lloraba a escondidas. No me gustaba que nadie se diera cuenta del conflicto que tenía, tanto con el atletismo como con la religión, y menos mis padres. Ya tenían bastante con los problemas económicos. Por suerte, parecía que la cosa ya no era tan grave como al principio, gracias al esfuerzo de mi madre.

En los entrenamientos de atletismo, Rashida también corría mucho. A ella le gustaba más correr en la pista; decía que no era tan cansado como el cross. Yo, en cambio, tenía las piernas fuertes y buenas para las carreras de fondo. Montse estaba muy contenta y orgullosa de entrenarnos, por eso nos dijo que dos o tres veces por semana nos llevaría en su 600 de color amarillo hasta su pueblo. Allí seríamos más gente y entrenaríamos de firme. Y así pasó: siempre intenté superarme.

A veces, mi madre le decía a mi padre que le gustaría ir a las competiciones, y entonces nos acompañaban los dos. Mamá se lo pasaba muy bien, sobre todo cuando íbamos en autocar. Mi madre le dijo a mi padre que, cuando fuera con nosotros, no se pondría ni la chilaba ni el pañuelo, porque las madres de mis compañeros le decían que estaba más guapa sin ellos. Esa vez mi padre aceptó la decisión de mi madre.

Se fueron juntos al mercado y mi padre le compró un par de faldas, eso sí, por debajo de las rodillas, y dos camisas a juego. La verdad es que sí, que se sacaba varios años de encima. Sumisha y Janna, que eran las otras dos únicas mujeres marroquíes que vivían entonces en nuestra ciudad, tampoco llevaban ni chilaba ni pañuelo.

Un día, mi madre me confesó que sufría mucho por mi futuro y por lo que diría la gente. Me estaba haciendo mujer, y llevar las piernas descubiertas supondría un problema. Hasta existía el peligro de tener que dejar definitivamente el atletismo, que tanto me gustaba y tan bien me hacía sentir. Ese comentario me inquietó mucho. Pensar que mi futuro deportivo dependiera de los comentarios que pudiera hacer la gente me ponía enferma. Deseaba que nadie abriera la boca ni dijera nada, o como mínimo, que sus comentarios no llegaran a oídos de mis padres. Pero me di cuenta en seguida de que mi madre hablaba en serio, de la misma forma que me di cuenta que se le partía el corazón por tener que decírmelo.

«En el pueblo no me habrían dejado ni empezar», me decía para no ponerme más triste de lo que ya estaba después de su seria advertencia. «¡Pero si no hago daño a nadie!», pensaba.

En dos ocasiones quedé en segunda posición y dos más llegué en tercer lugar en los campeonatos regionales. Eso hizo que mi madre se olvidara un poco de lo que la gente pudiera decir, y así pude continuar con el atletismo. Pero yo pensaba constantemente en lo que me había dicho, aunque ella pareciera haberse olvidado del tema.

AÑORANZA

Era el año 1987: el segundo verano consecutivo sin vacaciones en Marruecos. Empezaba a desesperarme. Tenía tantas ganas de ver a todos los de allí que sentía que no llegaba nunca el día en que eso habría de suceder: ir a Marruecos y reunirme con mis seres queridos.

Sinceramente, entonces me creía que era la única que sufría por esa razón, pero no era así. El primer fin de semana de agosto, el mes en que mi padre hacía las vacaciones, mi madre se echó a llorar. Al parecer la noche anterior mi padre le había confirmado que ese año tampoco podríamos realizar ese sueño, que yo acababa de descubrir que era común.

Mi madre decía que por mucho que se esforzara, nunca se sentiría cómoda fuera de Marruecos. Pero eso sólo nos lo decía a nosotros. No quería que mi padre se volviera a plantear la posibilidad de regresar a Marruecos. ¡Eso ni pensarlo!

Rashida y Karima no encontraban a faltar nada. Eran muy felices; jugaban todos los días con los juguetes que les habían regalado los Reyes Magos en Navidad, y a veces íbamos las tres a jugar a la plaza del Ambulatorio. Mi madre quería vestirme y peinarme como a Rashida, y eso no me hacía ninguna gracia, por tanto lo evitaba siempre que podía. Me gustaba más ponerme la ropa de Nourdine que ir disfrazada de niña mona y repeinada. Las señoras mayores siempre le decían a Rashida: « ¡Ay, qué coletas más monas lleva esta nena!».

Nos planteábamos qué hacer durante el verano. Lo que ya sabíamos era que se nos iba a hacer muy largo.

¿Se acordarían de mí Jamila y Hakima? «Se habrán acostumbrado a jugar ellas solas y no me echarán en falta, seguro.» Ahora era yo quien tenía envidia. Ellas no sabían los problemas económicos que teníamos y yo no pensaba contárselos, prefería que siguieran creyendo que teníamos mucho dinero, como les había dicho al principio.

¿Y mi pobre abuela? ¿Qué estaría haciendo? Seguramente debía de ir ella sola al pozo a buscar agua, aunque vivía con otros miembros de la familia, y debía de lavar su ropa blanca a mano... En Marruecos, todas las ancianas vestían de blanco. Era casi imposible ver a una señora de edad avanzada vestida de otro color. Recuerdo haberle preguntado a mi abuela por qué siempre vestía de blanco. Su respuesta fue: «Porque ya soy vieja, hija mía. No tengo edad para ir de colorines». Pobrecita, pero la verdad es que me gustaba mucho cómo vestía, parecía un angelito. Cuando los viernes se ponía sus vestidos nuevos para ir a la mezquita, yo bajaba la mirada y, al verme así, ella me decía: «Va, lávate el pelo y ven conmigo». Y yo iba. Allí se reunía con todas sus amigas de blanco, con sus mejores vestidos y con doble pañuelo en la cabeza. Muchas llevaban además una especie de adorno de metal: como un cinturón que se cruzaba en la espalda y se abrochaba sobre los hombros. Mi abuela también lo llevaba. Me divertía verlas formar grupitos para entrar en la mezquita. Parecían una colonia de palomas; salían de la misma manera que entraban. Comentaban cómo habían pasado la semana y se encontraban con sus hijos y nietos. Todas decían *hamdulil·lah**.

—Cuando alguien te pregunte cómo estás, o si vives bien, o cómo está tu familia, siempre has de decir eso: *hamdulil·lah*, porque así Alá te ayudará. Con eso quieres decir que estás conforme con lo que Alá te ha dado. —Mi abuela repetía estas palabras muy a menudo.

Después de charlar un rato, se iban a sus casas con sus respectivos maridos, hijos y nietos. Los hombres siempre por delante y las mujeres siempre detrás de ellos; no sé por qué, la verdad, pero siempre lo hacían así.

A la mezquita asistían hombres de todas las edades; en cambio, mujeres, normalmente sólo ancianas y algunas niñas como yo, que más que nada iban a molestar. Los hombres se vestían de una forma muy curiosa: también llevaban una especie de chilaba hasta los pies, con capucha y bolsillos a los lados, y mayoritariamente, de color blanco.

A mi abuelo Amar le favorecía mucho el blanco, que hacía juego con su larga barba de ese mismo color. El recuerdo que tengo de mi abuelo, aparte del de su rostro, es el de su perfume. Siempre iba perfumado. Era un hombre muy dulce. En el pueblo, todos lo conocían, porque era barbero. A mí también me cortaba el pelo. Se ve que una vez, cuando era pequeña, no le dejaba trabajar en paz porque quería que me prestara atención y me cortase el cabello, y sí, me lo cortó, pero ¡al cero! No me dejó ni un pelo. Él se reía, y los chicos que habían ido a la casa grande para cortarse el pelo se reían con él.

Él y mi madre eran muy conocidos en el pueblo de los Karrouch. Mi madre perforaba las orejas, con una aguja y un hilo de coser, a todas las niñas que nacían en el pueblo, y también ponía inyecciones a las señoras que no sabían hacerlo. Y lo hacía muy bien.

¡Qué tiempos aquéllos! Era consciente de que no volverían, pero recordarlos y navegar por el pasado con los ojos cerrados era una terapia relajante. Como mínimo, durante esos instantes los sentía cerca de mí, aunque no podía evitar echarlos de menos.

Nuestra tristeza, que parecía aumentar con el paso de los días, se la contagiamos a mi padre. Él tampoco estaba alegre.

Un sábado, a la hora de cenar, después de volver del mercado, nos informó de que iríamos a pasar unos días a Holanda con mis abuelos que vivían allí. Nos explicó que a él también le apetecía un cambio de aires.

—¡Qué alegría! —dijimos todos.

Y mamá sonrió de oreja a oreja. No se lo esperaba, evidentemente. ¡Ni yo!

Los primeros días en Holanda nos lo pasamos bomba. Conocí a nuevos primos y pude abrazar a mis abuelos de Holanda una vez más. También los había añorado, aunque no los conocía demasiado. La yaya Fátima, la de Holanda, era muy cariñosa, un trozo de pan, y ¡cómo nos hacía reír intentando bailar la danza del vientre con mi tía Malika! El abuelo la reñía, pero ella no le hacía mucho caso; siempre acababan discutiendo. Mi abuela provocaba mucho al abuelo. Él era más serio, muy religioso. Constantemente nos corregía. A mí me riñó porque comía con la mano izquierda.

—Tienes que comer siempre con la mano derecha. Los musulmanes de antes comían sobre la tierra y con la mano derecha —decía el abuelo Shaib.

Siempre nos preguntaba si rezábamos, y ¡pobre del que le dijera que no! Sin embargo, yo le decía que no, porque mi abuelo Amar me había dicho que no se podían decir mentiras. Por lo tanto, si no rezaba, no podía decir que sí. Me ponía roja como un tomate, ¡qué vergüenza pasaba por decir que no rezaba! Para arreglarlo, añadía que había hecho muchos días de Ramadán, y mi abuelo sonreía. Tuve la sensación de que, en poco tiempo, me había llegado a conocer tan bien como el abuelo Amar, aunque no tanto como mi abuela de Marruecos.

Un día me desperté y sentí añoranza de mi casa de España. Quería volver. Sentía que allí todo era más vivo, más alegre. Sentía que era mi hogar. No me importaba que la gente me llamara «mora» o que mirara a mamá cuando llevaba el pañuelo. En aquel momento, eso no tenía importancia, sólo quería volver.

Pasamos quince días más con los abuelos y luego volvimos a España. ¡Qué descanso y qué gusto volver a oír hablar castellano por la calle!

Las vacaciones se acababan y nos preparamos para regresar a la escuela. Mi madre nos dijo que no nos compraría ropa, que tendríamos que pasárnosla. Con esa excusa puede coger la ropa de Nourdine. A él no le hacía ninguna gracia, pero yo me la ponía igualmente cuando él salía con sus amigos. Al volver a casa, me encontraba cambiada y con mi ropa. Pero a veces me pillaba con la suya. Yo estaba realmente harta de que sólo le compraran ropa a él.

—Es que vosotras sois niñas y os la podéis pasar; él no —nos explicaba mi madre. Pero era un comentario que sobraba; yo sabía que le habrían comprado ropa igualmente, tanto siendo el único hijo como si no lo hubiese sido.

La primera semana de septiembre llegó el tío Abderahman, el hermano de mi padre. Se había colado en un barco, como mi padre y mi tío Mohamed.

Se quedó con el tío Mohamed, que vivía en el primer piso de nuestro mismo bloque.

NOTICIAS DE MARRUECOS

Ya habían pasado dos años.

La yaya nos envió *zasotx** para los ojos, que era como un polvo negro. Hayat me dijo que servía para pintarse los ojos como si fuera un lápiz y que, como es natural, también va bien para curar enfermedades de los ojos. Con esa explicación entendí por qué durante la *I'd-Adha*, la fiesta del cordero, todas las mujeres se ponían *zasotx* en los ojos y *henna* en las manos y el cabello: porque querían estar guapas, evidentemente. Hayat me contaba muchas mentiras, pero yo siempre sabía cuándo me decía la verdad, porque se ponía muy seria. Muchas veces, su actitud no me gustaba, porque se comportaba como si fuera una vieja.

Una mañana, mi madre se levantó muy alegre y nos llamó a todos:

—¡Vamos, niños, que el tío Mohamed ha traído a su mujer y a sus hijos! Corred, corred, que están en el primer piso.

Todos corrieron, incluso Karima, que se dedicaba a seguir a Rashida por todas partes.

Yo me quedé petrificada. Me hubiese gustado no haber oído lo que había dicho mi madre, porque lo primero que pensé fue: «Si el tío ha traído a Fátima, Savah y Suad, eso quiere decir que en la casa grande sólo quedan los abuelos y la tía Tamagnant, la mujer del tío Abdehraman. ¿Y si él también decide ir a buscarla?». Entonces mis abuelos se quedarían solos. Aunque estaba todo el pueblo y estaban muy unidos, no era lo mismo tener compañía en la casa grande que tenerla al lado de la casa grande. No sabía si reír de alegría o llorar de tristeza. Mamá estaba detrás de mí y me dio un empujón. Me dijo que me diera prisa y no me quedara pensando en las musarañas.

—Siempre estás seria; pareces una vieja cargada de hijos y problemas. ¡Venga, ve para abajo! —añadió.

Mi madre era muy exagerada y ¡tenía un genio...! Cuando me gritaba, y lo hacía muy a menudo, yo, sin que me viera, me cubría las orejas con las manos para no oírla. Pero Hayat siempre se chivaba y entonces mi madre se enfadaba aún más.

Finalmente bajé y abracé a mi tía y a mis primas. Yo había pensado decirles que subieran al tercer piso y enseñarles las copas que Nourdine y yo habíamos ganado el domingo anterior en la pista de atletismo, pero mi madre y mi tía estaban hablando de Marruecos y de la gente de allí, y me quedé con ellas para curiosear.

En Marruecos, nuestros conocidos estaban bien y preguntaban por nosotros. La tía Aisha y mis abuelos nos habían enviado una cinta con sus voces grabadas para que la escuchásemos. ¡Me hizo tanta ilusión oír su voz! No habían cambiado casi nada. Me quedé más tranquila.

Iban pasando los días y mi madre ya no se sentía tan sola como antes. Rashida y Karima estaban muy contentas porque podían jugar con Suad y Savah, que tenían sus mismas edades.

Estábamos comiendo todos, excepto mi padre, que estaba trabajando, cuando la vecina de la casa de al lado llamó al interfono.

—Fátima al teléfono, por favor. Llaman de Marruecos —dijo.

Como nosotros no teníamos teléfono, si había alguna emergencia, nos llamaban a casa de la vecina y ella nos avisaba, como ese día. Mi madre bajó a toda prisa, y me pareció que estaba asustada. Pasados diez minutos volvió a subir, pálida.

—Era la tía Habbiba —dijo. Al parecer, el tío Abderahman se había divorciado de la tía Tamagnant antes de venir a España, y la tía Habbiba no se lo creía.

Había llamado para que mi madre se lo confirmara, pero ella tampoco sabía nada del asunto. Mi madre lloró mucho, porque quería mucho a la tía Tamagnant, pero el tío Abderahman le dijo que no había podido soportar más la situación, que sólo se había casado con ella porque el abuelo Amar se lo había pedido. La tía

Fátima no nos había comentado nada porque tampoco lo sabía.

Al principio no hice mucho caso porque no me lo creía. Hayat, que no sé cómo lo hacía pero se enteraba de todo, me explicó que la tía Habbiba había vuelto a llamar y les había dicho a nuestros padres que no se preocuparan por los abuelos, que no estaban solos en la casa, que la tía Aisha dejaba que Jamila y Fátima fueran a dormir con ellos todas las noches y que ella, la tía Aisha, se encargaría de la burra, los perros, las gallinas y las ovejitas, y que cuando llegase el momento de la recolección, Alí y Benaissa ayudarían al abuelo.

Aquella semana, la tía Tamagnant regresó a casa de sus padres. También lloró mucho, porque quería a mi tío y su deseo había sido tener un hijo con él. Pero no fue así.

Después de las explicaciones de la tía Habbiba, nos quedamos más tranquilos. Mi padre soltó un suspiro resignado cuando mi madre se lo explicó todo, pero no le gustó nada que el tío Abderahman se hubiera divorciado de la tía Tamagnant. Sufría por ella, porque le costaría mucho volver a casarse: estaba muy mal visto que una mujer se divorciara o se separara. ¿Qué diría la gente? Sobre todo la del pueblo de los padres de la tía. Seguramente la criticarían y la juzgarían injustamente, a ella, que era una mujer que lo quería hacer todo a la perfección.

Por aquella época, Nourdine se puso enfermo y lo tuvieron que ingresar en el hospital. El médico dijo que se trataba de una epidemia.

Las enfermeras eran muy simpáticas. Yo no recordaba haber visto ningún hospital en Marruecos, pero mi madre me explicó que un día me habían llevado, porque me había puesto muy enferma. Sabía que había un hospital en Nador, porque había oído hablar de él. Al parecer, todo el mundo iba allí. A unos cuantos kilómetros del pueblo de los Karrouch había una especie de pequeño ambulatorio. Mi abuela me llevaba en brazos cuando me ponía enferma de pequeña, pero tenía que estar muy enferma, porque costaba mucho dinero. En Marruecos, mi madre siempre conseguía dinero de un sitio u otro, por si surgía una emergencia. Muchas veces vendía los huevos de las gallinas de la abuela y guardaba el dinero como un fondo para todos los miembros de la casa grande, y si alguien del pueblo lo necesitaba, también se lo dejaba. La verdad es que en el pueblo se lo dejaban todo: la sal, el aceite o el dinero. Habíamos tenido mucha suerte de que mi padre nos enviara quince mil pesetas todos los meses.

Yo ya tenía diez años. Mi padre estaba muy orgulloso de mí, porque sacaba muy buenas notas. También estaba orgulloso de Nourdine, claro.

Era el año 1987. Rashida, con sólo seis años, ya ganaba sus primeras copas. Cuantos más años cumplía, más testaruda se volvía. Ese año también me tocaba hacerme cargo de ella y además de Karima, que había empezado en la escuela.

Un día, Rashida se quedó mirando los peces desde un puentecillo que teníamos que cruzar. No me quería dar la mano, así que le dije que se las apañara y la dejé sola con los peces. Cuando llegué a casa, mi madre me dio una bofetada y me hizo volver a buscarla con Hayat y Nourdine. ¡Pero Rashida ya no estaba en el puente! El mundo se me cayó a los pies. Había perdido a mi hermana, no me lo podía creer.

—La gente pierde una moneda, una bufanda o un pañuelo, pero ¡tú no! ¡Tú pierdes a tu hermana! ¡Qué poco responsable eres! —decía Hayat.

Normalmente siempre le replicaba, pero aquel día estaba demasiado preocupada para hacerlo. Volvimos a casa sin haber encontrado a Rashida.

Cuando llegamos, ella ya estaba allí; un policía la había visto y la había llevado a casa. A mí me tocó la segunda parte de la bronca por parte de mi madre y mi padre. Rashida se lo pasó muy bien y me hacía muecas desde detrás de mi madre. Pero cuando estuvimos solas en la habitación, me encargué de hacerle cambiar de cara. Le di un fuerte pellizco y le dije que no lo volviera a hacer nunca más.

VACACIONES EN MARRUECOS

Era el mes de agosto de 1988. Habían pasado tres años desde que llegamos a España y por fin pudimos ir a Marruecos de vacaciones. Para mí era un sueño que se hacía realidad. Nunca me había imaginado que añoraría tantas cosas. De repente, aquel pueblecito seco, con casas blancas y antiguas, con puertas y ventanas de colores azules y verdes; aquel pueblecito falto de hierba, de humedad y de ruido de coches, se convirtió en el pueblo más deseado y amado. Tenía ganas de gritar de alegría y decir:

—¡Estoy aquí, he vuelto! *¡Al·lah Uakbar!* (¡Dios es grande!)

Estaba muy oscuro. Aún no tenían electricidad y sólo se veían las luces de nuestro blanco R-12 familiar. Los cinco niños nos apiñábamos en el asiento trasero como sardinas en lata. Karima me usaba como colchón. Eso me ponía muy nerviosa, y de vez en cuando le daba un pellizco; ella se quejaba, pero seguía como si nada.

De repente vimos unas figuras humanas; el corazón me empezó a latir a toda velocidad. «Date prisa, papá», pensaba. Las figuras correspondían a unas diez personas y entre ellas descubrí a mi abuelo. Era inconfundible: alto y delgado, un señor de la cabeza a los pies. Así era mi querido abuelo Amar. Y a su lado, la yaya. La reconocí porque hacía rato que tenía los brazos abiertos y preparados para abrazarnos. Fueron los quinientos metros más largos de mi vida. No se acababan nunca. Pero ya estábamos. Los perros ladraban desesperadamente y sus gritos resonaban por todo el pueblo de los Karrouch. Se debían de haber contagiado de nuestra alegría. Antes de que el R-12 acabara de frenar del todo, nosotros ya estábamos fuera del coche.

—¡Hijos míos, hijos míos! —gritaba mi abuela, mientras nos abrazaba uno a uno y luego a todos juntos. La abracé durante un buen rato. Me fijé en seguida en que iba sin zapatos. Volví a abrazarla y le dije que no corriera descalza. Ella lloraba y lloraba.

—¡Cuánto habéis crecido, hijos míos! —repetía continuamente.

El abuelo también nos abrazó y nos dio muchos besos. Su olor era el de siempre: el de la colonia que se ponía los viernes para ir a la mezquita. Se me llenó la cabeza de recuerdos de mi abuelo, de cuando bajaba por aquel camino carretero que hacía pendiente y dejaba aquel perfume tan dulce que lo identificaba durante todo el día.

En cinco minutos, medio pueblo se sumó a mis abuelos y tías. Entre la oscuridad, yo buscaba con la mirada a Hakima y Jamila. No estaban: seguramente era muy tarde y debían de estar durmiendo. Con tantos abrazos y tanta gente hasta pensé que me iba a marear.

Me dormí en seguida. Estaba realmente exhausta después de doce horas de viaje en el coche y ocho horas en el barco. No tuve tiempo ni de digerir todo lo que estaba pasando.

Me desperté muy temprano. Mi abuela ya había preparado el té con menta y lo había dejado sobre una mesa de madera en el patio de la casa grande, también había tostado pan y estaba barriendo el otro lado del patio. Me quedé en la puerta de la cocina y estuve observándola un buen rato. No había cambiado nada. De repente, me vinieron a la cabeza unos recuerdos muy agradables: me acordé de cuando la yaya me ayudaba a subirme a la burra para ir al pozo a por agua. Me decía que era demasiado pequeña para ir a pie, porque teníamos que caminar, como mínimo, un kilómetro para llegar a nuestro destino, y además había muchas piedras con las que me podía lastimar los pies.

—Yo ya tengo la piel curtida y preparada para esto, hija mía —añadía.

Entonces me di cuenta de que mi abuela seguía descalza. Cogí unas zapatillas de la cocina y me acerqué a ella.

—Buenos días, yaya —le dije.

Se volvió en seguida y se le iluminó el rostro de tanta alegría que sentía. Yo también estaba muy contenta. Me abrazó de nuevo, como si no lo hubiera hecho la noche anterior y me repitió que había crecido mucho. Le di las zapatillas y le dije que se las pusiera: «El patio está hecho de barro y arena, y al ser casas sin techo, el viento puede haber traído vete a saber qué de la calle y...». Me interrumpió y me dijo que fuera a desayunar. Le di un beso, cogí un trozo de pan típico *(zaxneft)* que había hecho la tía Aisha y salí a la calle.

Corrí a la casa de al lado, que era la de Hakima. Ella todavía estaba durmiendo, pero la desperté. Hakima estaba exactamente igual, sólo con unos cuantos centímetros más de altura. Nos saludamos y estuvimos charlando mucho rato. Le hablé del atletismo, de mis maestras, de Jessica y Sonia, y de muchas otras cosas, exagerándolo todo y añadiendo comentarios sobrantes. Pero no le dije nada de los problemas económicos que habíamos tenido.

Ella no me explicó muchas cosas, sólo se dedicaba a repetir «¡qué envidia, Laila!». Entonces me miró fijamente a los ojos y me habló en un tono de adulta que me hizo pensar en mi hermana Hayat.

—¡Qué suerte tienes, Laila! Nosotros aún estamos aquí, en el mismo sitio en que nos dejaste hace tres años. El pueblo no ha cambiado mucho, excepto que día a día echamos de menos a más gente, porque todos se marchan a Hispania o a Alemania y nosotros... —me dijo muy triste.

Inmediatamente me di cuenta de que Hakima se había hecho mayor, porque le propuse ir a jugar un rato a las gomas y me dijo que no podía, que tenía que lavar unos pantalones (a mano) y que debía hacer el pan. Me sumí en una sincera melancolía, especialmente al recordar todo a lo que habíamos jugado juntas: hacíamos muñecas, nos vestíamos de señoras... Me di cuenta de que yo había llegado tarde, porque Hakima había abandonado la infancia y la adolescencia demasiado pronto. Al principio, había tenido la mala intención de que me tuviera envidia, pero entonces me dio mucha lástima, porque ni ella, ni sus hermanas, ni Jamila, ni ninguna niña del pueblo iba a la escuela y yo sí. Ellas no iban ni a la mezquita. En cambio, los niños sí que iban a la escuela.

Dejé a Hakima y me encontré a Jamila, mi prima, que hacía rato que me buscaba. Fuimos al huerto y nos quedamos allí hasta la hora de comer. Hablamos poco; de repente parecíamos dos desconocidas. Ella me decía que yo era la «extranjera» y que tenía que explicarle muchas cosas, y que ella no había hecho ni vivido nada importante. Pero no tenía muchas ganas de hablar, después de mi encuentro con Hakima. Sin embargo, Jamila no había cambiado mucho y se la veía alegre, lo cual me animó.

Cuando regresábamos a la casa grande, nos cruzamos por el camino con el vendedor de pescado. Era el mismo señor de hacía tres años: alto, delgado y con bigote. Lo reconocí en seguida. Pasaba por el pueblo cuando podía. No lo hacía ningún día en concreto. Normalmente salía a vender el pescado con su bicicleta, que debía de tener casi tantos años como el dueño. En la parte de atrás de la bici, ataba con una cuerda elástica una caja de madera llena de sardinas, porque seguramente era el pescado más barato que encontraba en el mercado. Aunque de vez en cuando nos sorprendía con alguna variación. Antes de llegar, gritaba bien alto para que todos lo oyeran y preparasen el dinero.

—¡Pescado! ¡Pescado! ¡Que traigo pescado, un buen pescado!

Todas las señoras corrían de aquí para allí.

—¡Un momento! —gritaba la *lala* Mimount, que era más lenta que una tortuga.

Mi abuela no tenía que correr nunca, porque siempre llevaba unos cuantos *dirhams** atados en un pañuelo y escondidos bajo la ropa, para cuando se presentara una ocasión como ésa. Sin vacilar, se desabrochó un botón de su vestido de cuello transparente con la intención de extraer el valioso pañuelo, pero mi padre pareció leerle el pensamiento. Con un gesto rápido, cariñoso e intencionado, la abrazó. La cabeza de mi abuela, envuelta en un pañuelo blanco, llegaba sólo hasta el pecho de mi padre. Ella quería darle un beso en la frente, así que él se tuvo que inclinar. Evidentemente, papá no dejó que la yaya pagase los dos kilos de sardinas que iba a comprar para nosotros, y los pagó él.

—Durante estos meses de verano, saben que muchos vuelven del extranjero, por eso el pescado y la fruta son mucho más caros —le explicó la abuela—. Pero, pobres, tienen que ganarse la vida como pueden —añadió.

A veces, cuando alguien del pueblo no podía pagar el pescado, pactaba:

—Te doy seis huevos a cambio de un kilo de sardinas —decían muchas señoras. Aunque no eran ellas las que pactaban directamente con el vendedor, sino que lo hacían por medio de los niños. Si no había ningún hijo en la casa, no les quedaba otro remedio que hacerlo ellas. Entonces se medio escondían detrás de la pared o la puerta, siempre reservadas y tímidas, y evitaban cruzar la mirada con cualquier hombre desconocido.

Cuando el señor del bigote iba en la bicicleta, como aquel día, no aceptaba esos intercambios, porque no quería ir muy cargado, pero si iba con la burra, decía que sí con la cabeza.

El noventa por ciento de las familias del pueblo tenían gallinas, conejos y otros animales. Por eso casi nunca faltaban los huevos. Las mujeres eran las que se encargaban de cuidar a esos animalitos domésticos.

Mi madre nos explicó que un día vinieron unos ladrones a la casa y les robaron muchas de sus gallinas. Ella oyó el ruido, pero estaba demasiado oscuro y mi abuelo no estaba en casa aquel día. Mi madre tuvo miedo de salir. Decía que tenía que haber sido alguien del mismo pueblo, porque los ladrones sabían perfectamente que mi abuelo no estaba.

Jamila y yo entramos en la casa para comer algo. Estábamos bastante cansadas.

—¿Y quién es esta niña tan mona? —dijo una anciana que abrazaba a mi madre—. ¿Es tu hija mayor? —añadió acercándose a mí.

Y me hizo lo que no me gustaba nada que me hicieran: me cogió de una mejilla pellizcándome y me plantó cuatro besos en la otra. En seguida la reconocí por su manera de saludar, medio torturando.

—Es Laila, la tercera. Después de ella vienen las dos pequeñas —contestó mi madre, disimulando una risita al ver que me ponía de todos los colores.

Era aquella señora que siempre iba con un saquito a la espalda. Pasaba de casa en casa vendiendo pequeños objetos: pendientes, anillos, brazaletes, *henna*, etc. Le tenía mucho cariño a mi madre. Alguien le habría dicho que habíamos vuelto, y así, aprovechando la visita, se podía sacar unas cuantas monedas.

Al día siguiente, mi padre nos llevó a Nador, a unos cuantos kilómetros del pueblo, para visitar a mis tías: fuimos a casa de tía Habbiba, de tía Luisa, de tía Fadira... También nos llevó a la casa de una señora que se llamaba Fadma, como mamá. Aquella señora tenía muchos hijos. Yo no sabía quién era, pero tampoco lo pregunté.

La señora corrió a abrazar a mi padre, luego a mi madre y finalmente nos saludó a nosotros. Me sorprendió mucho que supiera todos nuestros nombres.

Habían pasado ya dos semanas y nos quedaba una más. Deseaba que aquella semana se me hiciera un poco más larga. Los familiares y los vecinos siempre venían a la casa grande. ¡Qué bien volver a verlos a todos! Mis abuelos no podían estar más contentos y se les veía muy orgullosos. Y en aquellos quince días, Hakima parecía haber vuelto un poco a la infancia.

Un día, aquella señora, Fadma, vino a visitarnos con sus hijos. Volvió a abrazar a papá. Me quedé mirando, porque no era normal en el pueblo ver a una mujer saludar a un hombre y menos abrazarlo. Si eso hubiese pasado en España, no le habría dado tanta importancia, pero en el pueblo sí que me sorprendió mucho.

Fadma habló durante mucho rato con mi padre, después se les unieron mamá, los abuelos y Tritman, una anciana del pueblo.

Me picaba la curiosidad y le pedí a Said, mi prima mayor, que me explicara lo que estaba pasando en aquella reunión imprevista.

—Es que quieren comprometer a Hayat con el hijo de Fadma, Mohamed —me contestó—. Tu padre no quiere, pero el problema es que Hayat lo ha visto y le gusta mucho. Ahora están intentando convencer a tu padre y...

Me quedé de piedra durante unos instantes. Me acerqué al grupito y oí que mi madre decía a Fadma que donde nosotros vivíamos, las niñas de trece años todavía juegan con muñecas y no se casan. Que Hayat aún iba al colegio y que no estaba preparada para casarse, aunque ella dijera que sí. Aquella mujer insistió mucho, dijo que su hijo no tenía ninguna prisa y que esperaría los cinco años que faltaban para que Hayat cumpliera los dieciocho; entonces tendría más edad y las ideas más claras, pero que, mientras tanto, se podía hacer una fiesta de «compromiso», así si aparecía otro chico, no se adelantaría a su hijo.

A Hayat le pareció bien. Se ve que ella ya había hablado con Mohamed. Así que finalmente todo quedó arreglado y aquel mismo viernes se celebraría la fiesta. Yo reñí y grité a Hayat porque no quería que se casara, ya que me tocaría a mí hacer de hermana mayor y por tanto de «segunda madre» de todos, incluso de Nourdine, que era mayor que yo. Hayat me dijo que la dejase en paz y que no me metiera donde no me llamaban. La verdad es que ella tenía razón, pero yo me divertía así, llevándole la contraria.

Llegó el viernes. Mi madre le había dicho a Hayat que no saliera a la calle hasta pasada la fiesta, que no daba buena suerte que la gente viese a la novia durante los siete días previos a la boda. La verdad es que no entendí demasiado la explicación que mi madre le dio a

Hayat. «Pero si Hayat sólo da una fiesta», pensé. Después me puse a reír hasta que mi abuela me preguntó por qué reía. Le contesté que Hayat no era ninguna «novia» y que era demasiado pequeña para serlo. La abuela me recordó que a los dieciséis años, ella ya estaba casada y que a mi edad ya sabía hacer muchas cosas. Volví a reírme y le di un beso en la mejilla. Cuando la yaya no me daba la razón o me llevaba la contraria, siempre le daba besos y me iba afuera, a dar una vuelta para reflexionar un poco e intentar entender las cosas. Sin embargo, esa vez, por más vueltas que le di no acabé de entender nada.

Me puse un vestido largo hasta los pies. Era de color dorado y llevaba un cinturón a juego; por los lados y en las mangas, largas y anchas, tenía cosidos unos bordados hechos a mano y trabajados con mucha delicadeza. Me gustó mucho ese vestido, pero me molestaba que me llegara hasta los pies. Jamila, Dunia y todas las mujeres también llevaban vestidos bordados, largos, de todos los colores. Y pañuelos en la cabeza a conjunto con los vestidos, *zasotx* en los ojos y *henna* en las manos y los pies. Se habían pintado la noche del jueves. Pero yo me había negado a ponerme *henna* en ninguna parte.

—Es que cuesta mucho que se vaya de la piel y no quiero volver pintada, porque entonces todos me harían preguntas —le dije a mi abuela.

Me riñó un poco.

—¿No ves que es símbolo de alegría y que todas las

chicas la llevan? Tú tendrías que ser la primera, porque es por tu hermana.

Entonces le dije que me la pondría más tarde, pero con la intención de no ponérmela. Sabía que después se distraería cantando y no se acordaría de la *henna*, así que durante la fiesta intentaría no estar demasiado a su lado para que no se enfadara.

Vino mucha gente: las mujeres se metieron en una habitación y los hombres en otra, y el patio grande era para que los niños jugasen en un lado; en el otro se lavarían los platos, los vasos de té, etc. Las habitaciones eran muy grandes, o sea que no había ningún problema de espacio. La noche anterior, mis primas y yo habíamos puesto mantas dobladas sobre el suelo para poder sentarnos: una fila a la derecha y otra a la izquierda, y la parte superior quedaba reservada para la dulce novia.

En el espacio reservado a la novia pusimos una especie de sofá de madera alargado, con un colchón, para que se viera a la protagonista, para que fuera el centro de atención y para que estuviera bien guapa. En esa habitación de mujeres no podía entrar ningún hombre, excepto el novio, los niños pequeños y algún hermano del novio que quisiera hacerse fotos.

Nos sentamos todas. Las mujeres charlaban y charlaban. Yo sólo las miraba y pensaba: «Nuestra tradición es tan diferente que me gustaría explicársela a las niñas de la clase, pero estoy segura de que ni yo sabría explicárselo ni ellas lograrían entenderlo».

En esos momentos oímos una canción de fondo, y se hizo un silencio absoluto. Era la canción típica de novios y empezaba así:

—*Slat u slam...*

Era la novia que entraba muy seria. Me impresionó mucho y se me pusieron los pelos de punta. Era la primera vez que veía a Hayat toda vestida de blanco. Notaba que se le iluminaba la piel y se mezclaba con el color del vestido, del pañuelo y de los zapatos de medio tacón que llevaba. Por un instante no la reconocí. Durante el recorrido hasta su sitio se iba repitiendo aquella canción. La acompañaban muchas jóvenes, una a cada lado y el resto detrás de ella. La invitaron a sentarse. Acto seguido unas se pusieron a cantar, otras a tocar una especie de tambor con mucho ritmo y otras a bailar la danza del vientre. Yo bailé mucho.

Me di cuenta de que se formaban grupitos de ancianas y de jovencitas: las mayores cantaban canciones dedicadas a los novios en un bereber que me resultaba muy difícil de entender. Repetían mucho:

*Lala zasrez nnag** (nuestra novia).

*Sidi murai nnag** (señor novio nuestro).

Las jóvenes, en cambio, cantaban canciones de amor que rimaban.

Más tarde, volvimos a oír la misma canción de fondo.

—*Slat u salm...*

Se volvió a hacer un silencio absoluto. Las voces se iban acercando: eran el novio y sus hermanas, una a cada lado y las otras detrás. Eran cinco hermanas, pero se habían sumado al grupo unas cuantas jóvenes más. El novio, Mohamed, miraba hacia el suelo y no alzaba la vista por nada.

Se le veía muy tímido. En esos momentos era normal... ¡Sólo tenía diecisiete años y la habitación estaba llena hasta los topes!

Normalmente, Mohamed no era tímido. Su hermano, Omar, que también entró para hacerse una foto, era mucho más tímido. Mi abuela me dijo que Omar sería el hombre de mi vida, que me cuidaría muy bien. Yo cambié de tema inmediatamente.

Bebimos té y comimos pastitas hechas por mi madre, y cuscús... Yo acabé cansadísima y me fui a dormir, pero la fiesta continuó con bailes y más bailes.

Al día siguiente fui a buscar a mi abuela y le expuse la duda que tenía desde hacía días: le pregunté cómo era que aquella señora, Fadma, la madre de Mohamed y Omar, saludaba a papá de aquella manera y...

Se puso a reír.

—¿Es que no lo sabes? —me dijo—. ¿No sabes que es la hermana de tu padre? Mi hija mayor. Hoy volverá a venir con su marido para pactar la dote de Hayat.

—¿Dote? —pregunté.

Al darse cuenta de mi ignorancia, intentó explicarme cómo funcionaba el «asunto», para el día de mañana, «cuando te cases...».

Me explicó que habían pactado unas trescientas mil pesetas para vestir a la novia. Primero me quedé con cara de no entender nada, pero después me lo explicó.

—Quiero decir que es dinero para Hayat, para comprarse oro especialmente, ropa típica y otras cosas que le apetezcan.

Mi madre limpiaba el patio y lavaba los platos. Tenía un aspecto cansado y afligido. Mientras todos cantaban y bailaban, ella controlaba que no faltara de nada. Dejó el patio muy limpio y se fue a desayunar con la yaya. Mientras, yo me quedé sentada a la puerta de la habitación, pensando en lo que me había explicado mi abuela.

Acababa de descubrir que Hayat, si todo iba bien, se casaría con un primo nuestro. No era que eso me sorprendiera, porque en Marruecos pasaba a menudo, incluso mis padres son primos, y el abuelo Amar y mi abuela de Holanda, eran hermanos de padre. Lo que me sorprendía era que la señora Fadma fuera la hermana mayor de mi padre y yo no lo supiera. De hecho, Karima y Rashida tampoco lo sabían.

ADIÓS, YAYO AMAR

En septiembre volvimos a la escuela, pero no a la de antes. Mi madre creyó más conveniente que fuéramos al colegio de San Miguel de los Santos, porque estaba mucho más cerca de casa. Me dio mucha pena cambiarme de colegio, había hecho muchas amistades y los maestros eran muy agradables.

—En el San Miguel también estarás bien, ya lo verás —me habían dicho algunas de mis compañeras.

Ya tenía once años y hacía cuarto de EGB. Era dos años mayor que los otros niños de la clase, lo que no me impidió hacer nuevas amistadas, sin olvidarme de las antiguas, claro.

A Laila, una niña que conocíamos hacía algún tiempo, porque mi padre nos llevó a su casa, también la matricularon en ese colegio, junto con sus hermanos. Laila era muy inteligente. Como siempre íbamos juntas, nos llamabas las «Lailas». La verdad es que Laila era muy agradable.

—¿De verdad eres de Marruecos? —le preguntaban muchas niñas de la clase, porque tenía los ojos de un azul muy bonito.

Desde entonces comenzamos una amistad muy profunda.

Otra vez era Navidad. Mi padre nos dijo que el abuelo estaba a punto de llegar al aeropuerto. Me alegré mucho al oírlo, ¡estaba tan contenta! No recuerdo el momento en el que entró en nuestro piso, porque debía de estar dormida, pero al día siguiente, al volver de la escuela, me lo encontré en el comedor, junto a mis padres, hablando alegremente. Sonreí de oreja a oreja.

—*Salam Alikum*, abuelo —le dije, y corrí a abrazarlo.

—*Salam* —me contestó y añadió—: ¿Tú quién eres, Laila, Rashida...?

Esa frase me dejó atónita, de piedra. ¿Qué le pasaba al abuelo? ¿No se acordaba de mí, de su nieta Laila? Ni siquiera me miraba a los ojos.

—Es Laila —dijo mi madre—. Es que tu abuelo ha perdido parte de la visión, ve muy poco, por eso no te ha reconocido —añadió dirigiéndose a mí, al verme tan sorprendida y preocupada.

Después, en la cocina, me explicó que el abuelo había venido para curarse la vista, porque aquí había muchos más recursos que en Marruecos. Lo entendí en seguida y se me metió en la cabeza que la pérdida de visión del abuelo era temporal, que lo curarían y volvería a ser el mismo de antes. No era que no le diera importancia al problema, pero pensaba con optimismo en su futuro.

Pasaron dos meses. Mi abuelo cada vez veía menos. Ahora sí que estaba realmente preocupada. Teníamos que acompañarle al váter, porque solo no era capaz. Nourdine se ocupaba de él, tanto de su higiene personal como de su indumentaria. Parecía mentira que mi querido abuelo, un hombre de campo, alto y fuerte como un roble, tuviera que depender de un niño para las necesidades básicas.

—Esta semana, cuando vengan tus padres, volveré a Marruecos con ellos —le dijo el abuelo Amar a mi madre.

—Pero tenemos que esperar a que nos digan algo sobre tu operación de la vista. Ahora no te puedes ir, estás peor que cuando llegaste —contestó mi madre.

El abuelo se negó a quedarse, pero les estaba muy agradecido. Dijo a mis padres que volvería en otra ocasión, pero que ahora tenía que volver a Marruecos. Lo decía como si tuviera algo pendiente que hacer allí.

Aquel fin de semana llegaron mis abuelos de Holanda. Se dirigían a Marruecos, pero como tenían que cruzar por España, habían decidido pasar un par de días con nosotros. Llegaron el sábado por la tarde y como aquel domingo yo tenía competición, invitamos al abuelo Amar y al abuelo Shaib a acompañarnos. Era una carrera de cross, lo que más me gustaba. El abuelo Shaib nos seguía a distancia para no perderse ningún detalle. El abuelo Amar no nos podía ver, así que mi padre hacía de locutor de radio y le explicaba cómo iba la carrera. Los dos parecían muy contentos, pero a mí me daba rabia y mucha pena ver cómo estaba el abuelo Amar. Él decía que era como estar en una habitación a oscuras.

Aquel día, todos ganamos una copa, incluso Karima y Rashida. Karima corrió porque mi padre la animó. En su carrera, todas eran niñas pequeñas, de su misma edad, pero ella llegó la primera y se puso a llorar como una Magdalena. Mi padre se alegró mucho del premio de Karima, porque era su primera victoria y no se había entrenado; en principio sólo iba de espectadora.

Los abuelos de Holanda se quedaron con nosotros toda una semana, porque decían que aquí «hay mucha vida y la gente pasea mucho». Se quedaron enamorados del lugar y nos dijeron que vendrían más a menudo.

Esa semana se me hizo muy corta y me sirvió para conocer mejor a los abuelos de Holanda. Con ellos no habíamos tenido tanta relación como con mis abuelos paternos. Hacía mucho tiempo que habían emigrado a los Países Bajos, poco después de que mi madre se casara con mi padre. Los hermanos de mi madre se fueron con ellos.

Me di cuenta de que mis dos abuelas se parecían mucho y que las dos eran muy cariñosas. Cuando observaba a mi yaya de Holanda, se me venían a la cabeza muchos recuerdos de mi yaya de Marruecos. Las dos llevaban dos pañuelos en la cabeza: uno atado detrás y el otro encima, atado por delante. Muchas señoras mayores se ponían dos pañuelos, pero eso sí, de color blanco. Las dos se levantaban muy temprano, preparaban el desayuno, desayunaban y se ponían manos a la obra.

Mi abuela de Holanda se pinchaba todos los días antes de comer. El primer día no dije nada, pero el segundo le pregunté por qué lo hacía. Me acarició el rostro, me cogió la mano y me hizo sentarme a su lado.

—Mira, hija mía, es porque tengo «azúcar en la sangre» y me tengo que pinchar todos los días. No puedo comer azúcar ni dulces ni pasteles, porque me harían subir el azúcar y eso es malo —me explicó la abuela.

Acababa de descubrir que la madre de mi madre era diabética, y que lo era desde hacía muchos años. La quería tanto como a mi otra yaya.

Los abuelos se despidieron de nosotros cinco por la noche, y se quedaron después un rato con mis padres. Al día siguiente, cuando nos levantamos para ir al colegio, ya no estaban. Miré en los dormitorios y en el comedor con la esperanza de encontrarlos durmiendo todavía, pero se habían marchado. Me metí en el cuarto de baño y lloré durante un buen rato; luego me lavé la cara y salí como si no hubiera pasado nada. Pero no desayuné, y fui al colegio sin ningunas ganas.

Era el 19 de febrero de 1989. Esa noche me costó mucho dormirme. Al día siguiente, mi madre no nos despertó, lo cual me extrañó mucho. «Debe de estar enferma, porque mamá no se duerme nunca», pensé. Había luz en el comedor, «quizá aún sea muy temprano». Entré y me encontré con la persona que menos me esperaba: Hayat. Estaba sentada en una silla, de espaldas a la puerta del comedor.

—¡Vaya, hoy sí que me has sorprendido! Nunca te levantas antes que yo, con el trabajo que tiene mamá para despertarte y... —le empecé a decir.

Antes de que pudiera acabar la frase, Hayat se volvió. Me asusté mucho, porque las lágrimas le caían hasta la barbilla, y tenía los ojos muy rojos y la cara pálida.

—¡El yayo Amar se ha muerto! ¡Está muerto! Laila, el yayo Amar se ha muerto en Murcia mientras rezaba y... —dijo Hayat—. Papá y mamá se han marchado muy temprano hacia Murcia y... —añadió y rompió a llorar.

Yo no reaccionaba. No dije nada. «Hayat me engaña, seguro. El yayo no está muerto, sólo tenía problemas en la vista y nada más», pensaba para no sentirme tan mal.

Nourdine también hacía rato que estaba despierto; salió de su habitación, se puso un jersey y se fue a la calle. Parecía muy afectado. Hayat continuaba bramando, no callaba. Yo seguía parada, pero poco a poco empezaba a hacerme a la idea. Entonces reaccioné y me puse a llorar. Me desahogué y paré, pero Hayat seguía. Fue un día larguísimo.

Al día siguiente, cuando Hayat se tranquilizó, nos dijo:

—Hoy iréis todos al colegio; yo me ocuparé de vosotros, porque papá y mamá estarán fuera una semana mientras entierran al abuelo.

Lo aceptamos muy bien. Yo ya me veía comiendo y cenando patatas hervidas todos los días, pero Hayat se tomó su papel de madre muy en serio: se ponía el despertador, preparaba el desayuno, ayudaba a Karima a vestirse... Aquella semana, Hayat no fue al colegio. Cuando regresábamos al mediodía, ya tenía la comida lista. Un día hasta se atrevió a hacernos cuscús con verduras. La ayudó tía Fátima, la madre de mis primas Suad y Savah.

Pasada una semana volvieron nuestros padres; estaban muy pálidos y cansados. Nos encontraron muy bien: contentos de verlos, pero tristes por haber perdido a un ser tan querido como el abuelo.

En cuanto entraron, Hayat los acosó a preguntas:

—¿Cómo están las tías? ¿Y la abuela? ¿Cómo han reaccionado todos?

—Cuando llegamos, nadie sabía nada excepto el tío Abderahman, que lo supo el mismo día que llegamos nosotros. No había tenido tiempo de decirlo en casa, porque cuando se lo dijeron se cayó al suelo desmayado —explicó mamá, mientras Hayat, Nourdine y yo la escuchábamos.

Papá aún no se había quitado las gafas de sol, pero se le veía muy desanimado. Se fue directamente al dormitorio, mientras mamá intentaba contestar a nuestras preguntas.

—La tía Aisha y la tía Luisa sufrieron una crisis nerviosa. Todo el pueblo lloraba, sobre todo cuando el Imán anunció la muerte del abuelo por el altavoz de la mezquita.

Se la veía realmente cansada, pero al notar nuestra curiosidad por saber cómo había ido todo, siguió explicándonos más detalles. Nos dijo que cuando llegaron a Murcia, fueron al hospital para ver al abuelo y darle el último adiós. Pidieron a unos señores del hospital que sacaran la cruz de Jesucristo del ataúd, porque el abuelo era musulmán y no la podía llevar. Los del hospital respetaron la voluntad de mis padres y la sacaron en seguida.

Unos hombres musulmanes lavaron el cuerpo, luego le pusieron un pañuelo blanco en la cabeza y le cosieron una especie de camisa y unos pantalones blancos, según la tradición. Mi madre nos explicó que cuando se moría una mujer, tenían que lavarla las mujeres, y cuando moría un hombre, los hombres. Después añadió que una mujer podía lavar a su marido muerto, pero que al revés no.

Hizo una pausa muy larga y luego dijo:

—La abuela nos sorprendió mucho a todos. Se comportó como una valiente e intentaba tranquilizar a los demás, pero yo sufría más por ella que por los otros.

Os envía muchos recuerdos y dice que quiere que seáis valientes y que no lloréis por el abuelo.

Hayat se volvió a emocionar e hizo un gesto afirmativo con la cabeza. El resto la imitamos y nos calmamos. Sabíamos que el abuelo Amar nos quería a todos por igual y él sabía que nosotros lo queríamos mucho, que lo añoraríamos mucho y que siempre lo llevaríamos en el recuerdo y en el corazón. Adiós, yayo Amar.

VOY AL INSTITUTO

Octavo de EGB en el colegio San Miguel de los Santos fue el mejor año, el que recuerdo con más optimismo. Mi padre estaba muy contento porque mi rendimiento en clase no había bajado. Laila, Vera y yo éramos las «empollonas», según el resto de la clase. Y no me fastidiaba que me llamaran así, al contrario, me sentía orgullosa.

Vera era alta, rubia, de origen finlandés y la más inteligente. Pero a veces Laila o yo conseguíamos sacar mejor nota que ella. De forma indirecta competíamos entre las tres, lo que nos beneficiaba, porque así nos esforzábamos al máximo.

Cuando llegaban los exámenes, Vera se comportaba de una manera muy responsable.

—No está bien copiar de los compañeros, así no aprenderéis nunca —les decía a algunos de los alumnos de la clase.

Un día, durante el examen final de inglés, Laura, que se sentaba dos filas por detrás de Vera, le pidió ayuda desesperadamente. Ésta, con sólo pensar en que la podían pillar, se puso de todos los colores y bajó la mirada como si hubiese hecho algo malo. ¡Me reí mucho! Me divertía verla ponerse roja como un tomate.

A Laura la conocí en sexto. Era muy bajita, más que yo, y muy divertida. Nos lo pasábamos muy bien juntas. Nos gustaba mojarnos bajo el agua fría de la lluvia. Nunca llevábamos paraguas. Pero cuando llegábamos a casa, nuestras madres nos soltaban una bronca. Al día siguiente nos contábamos cómo había ido la bronca y luego nos reíamos con la intención de repetir la jugada en cuanto tuviéramos ocasión.

Mis padres querían mucho a Laura. Vivía en nuestra misma calle. Un día me dejaron quedarme a dormir en su casa: cenamos, nos pusimos el pijama y nos quedamos charlando hasta las tantas. No hablamos de chicos, ni de maquillaje, ni de medias; hablábamos de deportes, criticábamos a la vecina de al lado y comparábamos nuestras zapatillas deportivas sin marca.

El curso se acababa. Los profesores querían hacernos entender que debíamos ser responsables y conscientes de que el que siguiéramos estudiando o no, dependía de nosotras. Teníamos que tomar una decisión, y eso me angustiaba. ¡No estaba preparada para decidir! Tenía claro que quería estudiar, pero no sabía qué. Los maestros nos guiaron y nos informaron para que no nos entrase el pánico. De todas formas, tenía todo el verano por delante para pensar.

Después de darle muchas vueltas, decidí ir al instituto, como Laila y Vera. Laura, mi amiga del alma durante los últimos años, escogió otro camino: cambió de domicilio, de colegio... Poco a poco le fui perdiendo la pista.

El primer día de instituto pasé unos nervios de miedo: me desperté muy temprano, me lavé la cara y me peiné el cabello, oscuro y largo, ni liso ni rizado. Me planté delante del espejo del armario que había junto a la puerta del cuarto de baño. ¡Me sentía tan mayor, tan adulta y tan responsable! Pero no me vi nada guapa. Cerré los ojos y bajé las escaleras a toda prisa para encontrarme con mis amigas e ir juntas al instituto. Entramos en el salón de actos y, como si fuéramos a hacer la mili, nos llamaron por el nombre y los apellidos para destinarnos al aula correspondiente. Esperaba que nos pusieran a las tres en la misma clase, pero no fue así.

Entré en el aula con paso inseguro. No tenía nada claro lo que estaba haciendo allí. No conocía prácticamente a nadie. De repente me sentí como un bebé cuando sus padres lo llevan por primera vez a la guardería. «Ánimo y nada de llorar», me dije.

Nos fuimos sentando en el primer asiento que encontramos. Mi primera tarea sería memorizar las caras de mis compañeros. En la fila de al lado, una niña delgadita, de ojos claros, piel muy fina y el cabello muy rizado me miraba sonriéndome agradablemente. Era Teresa, una amiga de mi primera escuela. Le devolví la sonrisa y me sentí más aliviada. Tuve la sensación de estar salvada.

A mi lado se sentaba una niña muy alta y tímida.

—Me llamo Marisé. ¿Y tú? —me preguntó.

—Laila, me llamo Laila. Vivo aquí pero nací en Nador, en Marruecos.

Me sorprendí a mí misma por la seguridad con que pronuncié esas palabras. Una especie de escalofrío, pero reconfortante, me sacudió todo el cuerpo.

Me sentía muy cómoda con los compañeros, tanto con los de EGB como con mis nuevos amigos del instituto. No me sentía diferente de ellos. Los comentarios típicos, como «mora» y cosas así, dejaron de molestarme, porque había aprendido a valorarme como persona y a aceptar que no tenía que infravalorarme por ser inmigrante, lo que había hecho muy a menudo en los años anteriores.

Mi padre quería que estudiase una carrera:

—Porque aquí, en España, es muy importante estudiar —me solía decir.

En cambio, mi madre no lo veía así. Decía que estudiar «es perder el tiempo, porque las mujeres estamos hechas para estar en casa». Me lo repetía continuamente.

En poco tiempo las cosas habían cambiado mucho:

habían llegado muchísimos más inmigrantes, lo que por un lado era positivo pero por el otro negativo. El aprendizaje de la lengua y la integración en general se fueron haciendo más difíciles, y la gente empezó a mezclarse menos; en la escuela a menudo se formaban grupitos de extranjeros y grupitos de españoles.

Nuestros padres siempre nos habían dicho que si alguien nos ofrecía tabaco o nos proponía ir a la discoteca, que nos negáramos, sobre todo las niñas, porque en Marruecos está muy mal visto que una chica fume o que vaya a discotecas. Pero también se lo prohibió a Nourdine. A mí no me insistió demasiado; confiaba mucho en mí y sabía que no sería capaz de decepcionarlo.

Muchas veces, mis amigas del instituto quedaban para salir a cenar. Yo ni se lo preguntaba a mi padre. Siempre les ponía una excusa u otra para no ir: que no podía o que no me dejaban. Sabía que mi padre me diría que no. De ninguna manera me permitiría llegar tarde a casa. Pero una vez que me atreví a pedírselo esperando un no rotundo, me equivoqué. Mi madre le había explicado que era una cena en un restaurante pequeño y que seríamos pocos.

—También irá Naima, la chica que les da el cursillo de árabe —le explicó mi madre.

—No te entretengas mucho. Cuando acabes, iré a buscarte —me dijo mi padre.

Cenamos, charlamos y nos conocimos un poco mejor. Éramos una docena de personas, sólo dos marroquíes.

Cuando mis compañeros iban de colonias, yo no iba, porque no podía pasar la noche fuera de casa. A mí, la verdad, eran temas que no me preocupaban demasiado: tanto cenar fuera o no como ir o no ir de colonias.

Me gustaba estudiar, me apasionaba el atletismo y me caía muy bien mi entrenadora, Montse.

—Empezad haciendo ejercicios de calentamiento durante media hora —nos decía, y con eso comenzábamos un entrenamiento muy duro. Después del calentamiento, hacíamos estiramientos, carreras rápidas, cambios de ritmo, cambios de sentido y muchos ejercicios más. ¡Qué agotamiento! Al final, una buena ducha y me sentía como nueva.

Pero un día, mi madre y mi padre retomaron aquel comentario que me habían hecho hacía unos años sobre el atletismo. El problema fue que, esta vez, la advertencia y la amenaza se hicieron realidad. ¡Quise ponerme a gritar y meterme con todo el mundo! ¡Tenía que dejar el atletismo porque tenía quince años y enseñaba las piernas!

Tiempo después descubrí que los verdaderos culpables, los que influyeron en la decisión de mi padre, fueron sobre todo un par de amigos suyos del pueblo. No paraban de hacerle comentarios absurdos con sus «sabias» opiniones. Al cabo de un tiempo, mi padre reconoció que se había dejado presionar y que se arrepentía mucho. Entendí perfectamente su postura y le quité importancia al asunto, porque no quería que mi padre se sintiera culpable.

A partir de esa época, mi carácter se comenzó a definir y empecé a mostrarme como soy. Me volví más reservada y más fuerte. Había empezado a aprender a encajar los golpes bajos, y sabía que había cosas que no me gustaban pero que no podía cambiar. Y estaba muy harta de muchas cosas.

En casa nunca más se volvió a hablar de atletismo. Un día me encontré con Montse, mi entrenadora, y me dijo:

—Las personas que realmente valen, no pueden, y las que pueden, no valen. —Se puso muy seria. Noté que estaba un poco enfadada por cómo había pasado todo.

Había una asignatura que me gustaba especialmente: el dibujo. Mi profesora se llamaba Ana Andrés, una mujer alta y delgada, con un aspecto agradable y de carácter muy abierto. Su mirada, profunda y segura, me inspiraba confianza.

—Tienes un don —me decía Ana.

Si tenía o no un don, no lo podía saber, pero de lo que sí que me di cuenta fue de que en la pintura había encontrado mi «refugio».

—Eres una marroquí muy fuerte. Lo tienes que ser para poder vivir entre dos culturas tan diferentes —me decía Vera.

Y tenía razón.

Más que diferentes, son dos culturas opuestas.

HAYAT SE CASA

Cuando terminó la EGB, Hayat se puso a trabajar en un taller, pensando en su porvenir y en el de su futuro marido. Desde entonces empezó a ayudar a Mohamed a conseguir los papeles para poder venir a España. Durante los cuatro años que habían pasado, habían mantenido relación por medio de cartas «cortas», que yo le robaba de vez en cuando para poder leerlas, con lo que se enfadaba muchísimo. Tenía más trabajo en buscar nuevos escondrijos para las cartas que en leerlas. También se veían todos los agostos, cuando íbamos de vacaciones a Marruecos.

En septiembre del año 1992, Mohamed consiguió el visado, que mi hermana le había tramitado desde aquí, y se vino en busca de una vida mejor en compañía de Hayat.

En seguida encontró varios trabajos: repartidor de propaganda, en el sector de la industria cárnica, etc.

Un año después, en 1993, nos fuimos todos juntos de vacaciones a Marruecos para celebrar la boda de Hayat y Mohamed. Parecía mentira que ya hubieran pasado cinco años desde aquel agosto en que se prometieron estar juntos para siempre. «Qué cursilada», había pensado entonces, pero ahora ya no me parecía tan cursi.

Llegué a Marruecos con la misma ilusión que la primera vez. Tenía ganas de saludarlos a todos y en especial tenía ganas de conocer a la nueva mujer de mi tío Abderahman, que se había vuelto a casar, esta vez con una chica de diecisiete años.

En Marruecos, las fiestas de boda son muy largas, duran tres días, y por eso mi madre nos compró, a Karima, a Rashida y a mí, tres vestidos, uno para cada día. Yo no acababa de verlo muy claro, y pensaba que, si por mí fuera, preferiría ponerme un chándal y unas deportivas para estar cómoda.

Fueron tres días de alegría, fiesta y comida, ¡mucha comida!

El viernes era el primer día de la celebración. El día de ponerse la *henna*. Se celebraban dos fiestas paralelas: la nuestra (en casa de la novia) y la de Mohamed. Como teníamos primos comunes, nos tuvimos que repartir. Las hermanas de Mohamed le pusieron *henna* en las manos, y lo mismo hicieron con Omar, el hermano tímido.

La distribución de la habitación de los hombres y la de las mujeres es la misma: mesas en el centro y mantas para sentarse. Y un lugar reservado para la novia, que es quien preside la fiesta.

Al novio no se le destaca tanto como a la novia, y

normalmente se sienta entre los invitados. A veces viste con un traje corriente (pantalón, chaqueta y corbata) y otras se coloca una chilaba de hombre hasta los pies.

A Hayat la vistieron de blanco, con manga larga. Era un vestido de novia fino y transpirable, para que no tuviera calor. Por delante, en vertical, estaba bordado a mano desde el cuello hasta los pies, un trabajo de mucha paciencia. Las mangas también tenían bordados. Llevaba un pañuelo en la cabeza, atado por detrás con un lazo perfecto. Era un pañuelo blanco y muy sencillo, al igual que los zapatos típicos, de tacón bajo y abiertos por detrás. Vestida así, Hayat parecía mayor.

Fue la primera en pintarse con *henna*. La afortunada o afortunadas que se la ponían, no recuerdo quiénes eran, le hicieron un pequeño regalo y le desearon mucha suerte. Luego todos podían ponerse *henna* si querían, la misma *henna* que había utilizado la novia.

Yo, como siempre, intenté escaparme de aquella masa de hierba pastosa, pero la tía Luisa me cogió la mano y me puso un poco en la palma. No le dejé que me pusiera en la otra mano.

Algunas de las invitadas lanzaban un grito moviendo la lengua de un lado al otro, un grito al que llamé «el grito de alegría». Intenté imitarlas, pero desafinaba demasiado y lo dejé estar.

—Calla, Laila, que si no los invitados saldrán corriendo —me dijo mi prima Rashida, una niña de cabellos largos, oscuros y muy rizados, que tenía un carácter y una forma de hablar muy divertidos.

Un grupo de seis o siete mujeres se dedicaban a servir té a los invitados, y también los pasteles que mi madre había hecho el día antes, y lo organizaban todo.

Mi madre parecía añorar a Hayat incluso antes de que se fuera a vivir con su marido, y aunque lo intentaba, no lograba disimular su nerviosismo. A mi padre se le veía muy serio, y aunque parecía estar más sereno y tranquilo que mi madre, poco a poco su semblante fue cambiando. Se puso rojo como un tomate y empezó a caminar de un lado para otro. De repente se echó a llorar.

—¿Qué te pasa, hijo? —le preguntó la abuela.

—Esta boda no tendría que celebrarse, madre. Mi hijo tuvo ayer un accidente de moto y está muy mal —contestó mi padre.

A él no le gustaban nada las motos, pero Nourdine había removido cielo y tierra para que le dejaran comprarse una.

—Hijo, Nourdine ha insistido mucho en que se celebrara la boda de su hermana, así que hemos de hacerlo bien —insistió mi abuela.

Madre e hijo entraron en uno de los dormitorios y al cabo de un rato, papá salió con otra cara. Se lavó y se puso el traje gris y la corbata gris pálido que le había regalado Hayat.

Bailamos hasta muy tarde.

El sábado por la mañana todos nos despertamos muy temprano. Los hombres se fueron a comprar más bebidas, pan, vasos, cuscús..., y las mujeres se repartieron el trabajo de la casa grande. Un grupo de jovencitas arreglaban a Hayat y la cuidaban como si fuera una perla dorada. No dejaban que nadie entrara en la habitación donde la cambiaban de ropa. Yo intenté colarme a escondidas, pero no lo logré.

Mi madre estaba muy nerviosa, entraba y salía de la casa como si estuviera buscando algo importante. De vez en cuando, mi abuela se le acercaba, le decía algo para tranquilizarla y, acto seguido, le pasaba un pañuelo para que se secara las lágrimas.

—Pobrecita, se le casa la niña —me dijo la yaya—. Cuando tú te cases con Omar...

—¡Déjame que te haga las trenzas como antes, yaya! —dije para cortarla. Y antes de que pudiera decir nada, me puse a peinarle el cabello, largo y fino, con mucha delicadeza, como cuando era pequeña.

De repente, el grupo de jovencitas comenzó a cantar melodías rítmicas. Hayat se hallaba en medio del grupo. La habían vestido con el traje largo típico de Marruecos, y llevaba el cabello recogido en un moño muy sencillo. Y así la fueron vistiendo hasta mostrar cinco modelos diferentes, uno tras otro.

A Hayat se la veía alegre, contenta de cumplir y compartir uno de sus sueños y de ser la protagonista durante unos días.

El tercer día, las dos fiestas se unieron en una sola. Era el día del vestido blanco al «estilo europeo», como decía yo. Para acabar, nos comimos el pastel, las galletas típicas y, claro, todo con mucho más té.

Acompañamos a los novios a la casa de los suegros de Hayat, donde, a partir de entonces, Hayat pasaría las vacaciones y que de hecho se convertiría en su hogar.

Unos días después regresamos a España para seguir con nuestra vida cotidiana.

VIENE LA ABUELA DE MARRUECOS

Era el año 1995. Mi dulce abuela se vino a vivir con nosotros. Mis padres consideraron que debía de sentirse muy sola y la convencieron para que compartiera nuestra casa. Ella aceptó, y mi padre le tramitó la documentación desde aquí. Obtuvo el visado en poco tiempo.

¡Yo era la niña más feliz del mundo!

—Hazme cuscús, yaya, que te sale muy bueno —le decía de vez en cuando.

—Péiname tú, yaya, que no me haces tanto daño como mamá —le decía Rashida.

Pobre yaya, ¡cuánto trabajo le dábamos! Pero en su rostro se reflejaba el orgullo de hacer todo eso y de poder complacernos.

Mi abuela lo encontraba todo muy diferente de Marruecos. El primer viernes que pasó aquí se le cayó el mundo encima porque se acordaba de todas sus amigas.

—Estoy acostumbrada a ir a la mezquita todos los viernes con mis amigas y a cuidar de mis animales todos los días, y ahora no podré hacer ni una cosa ni la otra —se quejó mi abuela.

—Ya has trabajado bastante, madre, ahora te toca descansar. Ya trabajaremos nosotros, que somos más jóvenes, y no te preocupes por el ganado —le dijo mi padre.

La yaya dijo que sí con la cabeza, pero me dio la sensación de que mi padre no la había convencido demasiado. Un instante después, se fue a la habitación que compartíamos Karima, Rashida y yo, y se puso a llorar.

—Tenemos que ayudar a la abuela. Se siente muy perdida, como nosotros al principio, ¿os acordáis? —nos dijo mamá—. Ella ya es mayor para empezar una nueva vida y todo le parece muy diferente. Muchas cosas la sorprenden y seguramente también la asustan un poco —añadió.

Mi madre tenía toda la razón y hablaba por propia experiencia. La primera sorpresa desagradable que tuvo mi abuela fue mientras mirábamos en la tele un programa donde salían chicas con muy poca ropa. La yaya se puso nerviosa en seguida y dijo que apagáramos ese «trasto». Nourdine se reía como un tonto y no paraba de meterse con ella.

—Va, yaya, que no es tan grave —le decía.

Yo me puse seria y cambié de tema.

—Yaya, ¿por qué llevas esa especie de tatuaje en la barbilla y en la frente? He visto que la yaya de Holanda también lo lleva.

—Mira, hija. —Suspiró profundamente antes de

continuar—. Cuando vivíamos en Argelia, nos decían que nos harían esto en la cara para diferenciar a los musulmanes de los que no lo son, pero con el tiempo me di cuenta de que era una gran tontería —me contestó.

Nourdine, Rashida y hasta Karima se animaron a hacerle más preguntas sobre su pasado y su presente, y ella pareció animarse.

Todos creíamos que le costaría mucho adaptarse a vivir aquí, así que intentábamos que, al menos en casa, no notase tanta diferencia con Marruecos. Pero poco a poco empezó a salir sola. Le gustaba pasear por los parques y decía que no le desagradaba estar aquí, pero que «los comienzos son muy duros, vayas donde vayas»

Nos sorprendió su cambio de carácter y el optimismo con que se miraba las cosas; le costó mucho menos adaptarse de lo que nos esperábamos.

Durante el primer Ramadán que celebró aquí con nosotros siempre hacía el mismo recorrido: salía de casa muy temprano y se iba hasta el parque porque le gustaba mucho ver jugar a los niños. Daba paseos cortos y volvía continuamente la cabeza para memorizar el paisaje y no perderse. Cuando se cansaba, regresaba a casa para prepararnos la *harera**.

—La *harera* y los dátiles no pueden faltar en la mesa durante el Ramadán.

Muchos días, yo salía con ella para «tomar un poco el aire». Pero reconozco que solía ponerme muy nerviosa, porque no paraba de entretenerse por el camino.

—Me gusta mucho este paisaje —decía—. Es más verde y más vivo que el de nuestro pueblo. Aunque también hay muchos coches y motos, quizá demasiados —añadía.

Les tenía pánico a los coches y a los camiones. Le pregunté por qué.

—Entonces vivíamos en Argelia. Mi primo y un amigo se liaron con la tontería de hacer una apuesta. El que consiguiera subir al primer camión que pasara, ganaría. Mi primo, delante de mis ojos, se puso a correr en cuanto oyó el ruido del camión. Se fue de cabeza contra las ruedas. Imagínate cómo acabó todo.

Claro que me lo imaginé, y vi cómo la sombra de aquel recuerdo le nubló la mirada.

Durante todo el camino iba haciendo comentarios y comparaciones, y a veces, cuando pasábamos al lado de alguna chica con minifalda, se quedaba mirándola fijamente.

—No seas tan descarada, yaya —le decía yo.

Mi abuela hablaba mucho de Marruecos, pero casi nada de Argelia. Sólo repetía que se había ido de allí muy joven y que recordaba haber trabajado muy duro, en el campo.

—Allí todo el mundo trabajaba en el campo, como labriegos.

Llegué a la conclusión de que debía de tener malos recuerdos de Argelia y que no le gustaba remover ese pasado.

Transcurrido un año llegó una carta para mi abuela:

había conseguido su documentación, así que podía ir de vacaciones a Marruecos cuando quisiera. Pidió ir en seguida, como nos esperábamos. La dejamos marchar con la condición de que volviera al cabo de unos cuantos meses.

Y así fue. Al cabo de tres meses ya la reclamábamos. ¡La queríamos mucho!

Cuando regresó, la noté diferente. No sabía exactamente en qué, pero había cambiado; quizá estuviera más delgada.

La vi muy pálida y con la piel muy arrugada. Era evidente que estaba enferma. Era la típica persona que nunca se quejaba de nada para no molestar, lo que fastidiaba mucho a mi padre. El tío Mohamed la llevó al hospital, a urgencias. El médico decidió ingresarla para «curarla», nos dijo mamá.

La yaya llevaba muchos días en el hospital. Hacíamos turnos para ir a verla. Un día llegué del instituto y oí a mi madre y al tío Abderahman hablando de la abuela. Debía de ser algo malo, porque mamá hablaba en voz baja. Yo no llegaba a captar las palabras por mucho que me esforzara, así que entré y pregunté directamente:

—¿Qué le pasa a la yaya?, ¿ha empeorado? No, ¿verdad? Ayer la dejé bastante bien, ¿no, mamá?

Una pregunta directa exigía una respuesta directa, por eso cuanto antes lo dijera, mejor.

—La yaya tiene un cáncer en el hígado. Tu madre lleva tres días sin comer, hija. No sabía cómo decírselo a tu padre, pero lo haré hoy. Le acabo de dar la mala noticia al tío Abderahman y no para de gritar —me contestó mi madre.

Se me encogió el corazón al oír esas palabras. No me lo acababa de creer. Al parecer, los médicos le dijeron a mi madre que la yaya no viviría más de seis meses. Me hubiera gustado que esta vez los médicos se hubieran equivocado. Todos pensábamos lo mismo. Mi madre, sin embargo, veía que no era ningún error, porque a la yaya le había cambiado el color de la piel y se había desmejorado mucho.

Mi padre se quedó desconcertado y dolorido. Especialmente cuando tuvo que tomar la decisión de si la yaya se quedaba aquí o si la llevábamos a Marruecos para que se despidiera de las tías, que aún no sabían nada. Los tíos Abderahman y Mohamed se inclinaban por la segunda opción, pero mi padre decidió que la abuela tenía que quedarse aquí.

—¿No veis que está bien atendida y no dejan que sufra? En Marruecos, entre el viaje y todo... Iremos nosotros con los niños de vacaciones y contaré lo que ocurre en el pueblo. Vosotros os quedaréis aquí con ella —dijo mi padre a mis tíos.

Y así quedaron.

Aquella semana trasladaron a mi abuela a otro hospital y nosotros nos fuimos a Marruecos, a pasar un par de semanas, pero con la esperanza de volver a ver a mi dulce abuela y poder decirle adiós.

Mi madre, antes de irse, se despidió de la yaya

como si aquél fuera el adiós definitivo. La yaya le cogió la mano y se la apretó con todas sus fuerzas.

A mí me temblaban las rodillas y sudaba como nunca.

—Hasta luego —le dije, porque no me atreví a decirle adiós. Estaba totalmente convencida de que volvería a verla.

Una vez en Marruecos, mis padres se pasaron toda la semana preocupados, buscando la manera de explicar a mis tías lo que le pasaba a la abuela. Mi padre se sentía mal por haber decidido dejar a la yaya en el hospital en vez de llevarla a Marruecos, pero en el fondo estaba convencido de que era lo mejor para ella. Las enfermeras la cuidaban muy bien y los médicos se esforzaban en comunicarse con ella.

Fuimos a casa de la tía Fadma, los suegros de Hayat, a comer. Ese día, mis padres querían informar a toda la familia, de uno en uno. Al cabo de cinco minutos de estar en casa de la tía Fadma, recibimos una llamada inesperada. Mi madre corrió hacia el teléfono sin dejar que los de la casa contestaran.

No dijo nada, pero se puso de todos los colores. Le pasó el teléfono a la tía Fadma.

—¡No, no, no!

Ya estaba: la yaya se había muerto. La tristeza volvió a cubrir nuestra vida. Había sido mucho más rápido de lo que nos esperábamos. Nunca olvidaré aquel día. Siempre que me vienen a la memoria aquellas imágenes de todos y cada uno de nosotros, inevitablemente me cae una lágrima tras otra, porque mi *hanna** (mi yaya) fue ejemplar. Nos daba todo lo que tenía y más; y sobre todo nos proporcionaba muchos ratos agradables y muchas caricias y consejos que no tienen precio ni nunca lo tendrán.

OMAR Y LA VIDA LABORAL

El año en que perdimos a mi abuela, yo ya estaba haciendo COU. Me quedé totalmente colapsada en los estudios. No sabía qué camino quería tomar ni por qué había elegido la opción de hacer ciencias puras. Fue un error. Quizá lo hice sólo porque también lo hicieron mis amigas. El problema era que no acababa de descubrir qué me gustaba y sentía una gran incógnita sobre mi futuro. Mis notas bajaron en picado. Más de una vez llegué a ver sobre el papel de uno de mis exámenes las palabras que, hasta entonces, no había visto nunca: «Muy deficiente». Todavía peor que insuficiente. Me quemaba por dentro no haber podido impedirlo. Delante de mis amigas fingía que pasaba olímpicamente de los estudios, que esos exámenes no tenían ninguna importancia para mí, pero no era cierto.

Durante todo el curso me dediqué a pasarles notitas a Mónica y a Eulalia, que se sentaban a mi lado. Les explicaba anécdotas que no tenían nada que ver con la clase, hacía comentarios sobre algún profesor o simplemente dibujaba en la mesa para distraerme. Al final pasó lo que tenía que pasar: dejé los estudios.

Entre una cosa y otra, tenía un lío impresionante en la cabeza. Me hundí. Mi carácter había ido a peor y tenía días en que estaba insoportable. Si le hubiera comentado lo que me pasaba a alguna amiga, seguramente me habría dado un buen consejo, pero no lo hice.

Nos fuimos de vacaciones a Marruecos y le expliqué mis problemas a Omar, el hermano de Mohamed. ¿Por qué a él? No lo sabía, sólo reaccioné como me dictaba el corazón. Omar me animó mucho. Me aconsejó y soltó la típica frase de «nunca es tarde para estudiar».

—La vida nos bombardea continuamente con problemas grandes y pequeños. Tenemos que estar preparados para todo. Saber enfrentarse a los problemas es de sabios —añadió.

Se me escapó la risa, no por lo que decía sino por la forma en que lo decía: abría sus grandes ojos y se pasaba la mano por la frente. Se ponía nervioso y daba pasos cortos de un lado a otro. Le observé durante un buen rato: por mucho que me esforzara, no encontraba en él al primo que se suponía que debía encontrar.

A partir de entonces, la amistad con Omar tomó otro camino, hasta el punto que decidimos prometernos antes de que yo volviera a España. No quisimos hacer fiesta por respeto a la abuela, pero los dos firmamos el acta de matrimonio.

Él se presentó en el juzgado con su padre y yo con

el mío. Antes de salir de casa, me probé una chilaba que me dejó mi prima. Era demasiado larga. Mi prima era alta y delgada, pero yo era baja y regordeta, así que no me quedaba bien. Finalmente decidí ponerme un vestido elegante y sencillo de color verde apagado. Omar llevaba pantalones negros y una camisa blanca de manga corta.

Antes de entrar, mi futuro suegro se mostró preocupado por el asunto de la dote. No tenía dinero para pagarla. Mi padre le dijo que no se preocupase, que eso no era un problema. Yo me salté las normas: me negué a comprarme oro. Mi conciencia no me hubiera dejado tranquila, no podía permitirme gastar el poco dinero del padre de Omar en cosas que no me hacían ninguna falta. Si el dinero hubiera sido de Omar, quizá me hubiera comprado un brazalete, pero él no trabajaba. Además, entrar en una de aquellas tiendas de oro de Nador para dejar una gran cantidad de dinero cuando al otro lado de la puerta había personas a las que les faltaban brazos o piernas, y niños pequeños y ancianos que pedían unos céntimos para poder pasar el día, era algo que me superaba, no podía. Quizá Omar no se esperara una respuesta tan generosa por mi parte. Se sintió muy orgulloso.

En los papeles de matrimonio pusimos la cantidad de trescientas mil pesetas de dote. Firmamos y salimos los cuatro para ir a cenar a casa de mi tía-suegra, Fadma. Legalmente estábamos casados, pero eso no quería decir que pudiéramos vivir juntos. En Marruecos, una mujer no puede ir a vivir con su marido sin celebrar una fiesta, grande o pequeña.

Yo tenía clarísimo lo que quería hacer, pero tenía que recordarle a Omar que él tenía una vida en Marruecos y una carrera universitaria a medias, y que yo no quería romper ninguno de sus sueños, porque no me lo podría perdonar. Me contestó que cuando encontrara la manera o tuviera la más mínima esperanza de llegar a Europa, lo dejaría todo para empezar una nueva vida. Omar sabía que, por muchas carreras que tuviera, encontrar trabajo en Marruecos sería muy difícil. La relación entre Omar y yo fue por medio de cartas durante un par de años.

Antes de regresar, fui hasta el pueblo con mis padres a despedirme de Hakima, mi amiga de la infancia. Ya estaba casada, tenía un niño precioso y estaba esperando otro. Se la veía muy contenta.

Regresé con las pilas cargadas para lanzarme al mundo laboral. Después de muchos esfuerzos y muchas entrevistas y decepciones, conseguí un empleo de cuchillo en una sala de despiece.

Antes de lograr ese trabajo tan duro, me sentí muy discriminada, especialmente cuando se trataba de empleos cara al público.

Me hicieron muchas entrevistas sin ningún resultado.

—Ya le diremos algo, gracias —decían unos.

—Es que ahora no tenemos ningún puesto, quizá más adelante —decían otros.

Había gente que se mojaba un poco más en la respuesta.

—Es que no quieren [siempre los otros] extranjeros.

—Hablo y escribo perfectamente —contestaba yo.

—Sí, pero... —Y aquí acababa la respuesta.

Un verano encontré un anuncio en una revista en el que se pedían chicas para trabajar en un restaurante. Llamé por teléfono y hablé con una señora. Por la voz pensé que trataba de una persona de edad.

—Ven mañana y te haremos una entrevista.

«El trabajo es mío», pensé.

Me dijo por dónde debía entrar cuando fuese a verla. Llegué muy puntual. Entré por una puerta de cristal enorme y me dispuse a esperar. De vez en cuando miraba el reloj. Con pasos inseguros me dirigí hacia un chico que trabajaba allí y le expliqué el motivo de mi presencia. Me dijo que esperara, que iría a buscar a la jefa.

Miré hacia una ventanilla que comunicaba la cocina con el restaurante y me volví a mi lugar inicial. De repente, una señora sacó la cabeza por la ventanilla; nuestras miradas se cruzaron, pero ella se escondió en seguida con un rápido gesto. Su cabeza desapareció en un instante. Al cabo de unos segundos volvió a salir el chico.

—Dice la jefa que de momento no necesitamos a nadie —me soltó.

—Pues dile a tu jefa que no haga perder el tiempo citando a la gente si no necesita a nadie —le contesté con la misma frialdad, y me largué.

«No es un problema tuyo, el problema es de esa señora que no tiene educación», me escribió Vera cuando se lo expliqué todo por carta.

Llegó un momento en que pensé que los extranjeros nunca seríamos bienvenidos, por mucho que nos esforzáramos. Pero después me di cuenta de que estaba equivocada. Llegué a la conclusión de que, en realidad, había mucha más gente que nos respetaba y no nos menospreciaba. Dejé de tener lástima de mí misma. Me armé de valor y me marqué unas metas a las que no sé si podré llegar nunca, aunque no me falte valor.

Omar intentaba consolarme por teléfono.

—Peor lo tengo yo, que he dejado la carrera de Derecho a medias...

En el fondo, más que consolarme me deprimía, porque pensaba: «¡Pues peor todavía, ni tú ni yo!».

Para obtener el visado de Omar tenía que seguir el mismo procedimiento que tiempo atrás había seguido Hayat. Él me envió la fotocopia del acta de matrimonio. Me pidieron papeles y más papeles: nóminas, fotocopias de mi pasaporte, del suyo, el NIE, papeles del ayuntamiento... Todo se lo tuve que enviar a Omar para que lo presentase en el consulado en Marruecos.

Nunca había suficientes papeles, y le tenía que pedir más y más.

Fue un esfuerzo duro por parte de ambos, pero eficaz. En pocos meses, obtuvo el visado.

En las últimas cartas fui empezando a mentalizarle sobre la realidad. No quería que llegara aquí engañado, como muchos.

—No quiero que mires al vecino de tus padres que ha llegado de Alemania con un gran Mercedes. Seguramente ha tenido que pedir muchos préstamos y debe de trabajar muchísimo...

Siempre le soltaba la misma canción. Aun así se llegó a ilusionar. Seguramente creía que no le costaría encontrar trabajo, pero no fue así.

Cuando llegó, yo seguí viviendo en casa con mis padres y él se fue a casa de su hermano Mohamed y mi hermana Hayat. Todavía llevaba bigote, pero me prometió que se lo afeitaría. Cumplió su promesa al día siguiente. ¡Se le veía mucho más joven!

Las primeras semanas tenía la cabeza más allí que aquí. Intenté ayudarle a superar esos momentos, momentos de añoranza y de recuerdos. Era lógico que se sintiera así, porque en pocas horas su vida había dado un giro brutal.

Omar me dijo que en el avión le habían dado una carne extraña, con un gusto diferente y un color más rosado.

—Tal vez fuera carne de cerdo, por eso no comí mucho. La verdad es que no sabía mal. Quería preguntarlo, pero como no sabía hablar el idioma, me quedé con la duda —añadió.

Pasaron ocho meses. Omar se subía por las paredes. Cada día que pasaba sin encontrar trabajo se ponía más nervioso. No aceptaba que yo le diera dinero. Le dije que se lo tomara como un préstamo y que me lo devolvería cuando encontrase trabajo. Finalmente cedió.

Un jueves cogimos una revista de esas que hay en muchos establecimientos y pusimos un anuncio:

«Chico magrebí de 26 años busca trabajo. Disponibilidad horaria. No importa zona. ¡Soy muy trabajador!»

Gracias al anuncio, le ofrecieron un trabajo en una casa de colonias. No se lo pensó dos veces. Sabíamos que trabajaría bastante lejos, pero no se puede tener todo. Ángel, su «jefe», le ofreció alojamiento y le compraba la comida. Ángel sabía que Omar no podía comer cerdo y nunca se lo compró. Más adelante llegó a confiar mucho en él y le daba el dinero para que se encargara de todas las compras.

Nosotros nos veíamos los fines de semana que podíamos: si no venía él, iba yo. Omar quedó encantado con el lugar en que estaba. Me contaba que iba mucha gente. Se vivía un ambiente festivo y la gente era abierta y alegre. Me explicaba lo que hacía, dónde pasaba el tiempo, sus nuevas experiencias. Le tenía un cariño especial a aquel lugar.

Los meses iban pasando, y como los que mandan son la vida y el tiempo, Omar volvió. Mohamed había abierto un bar y querían trabajar juntos mientras a Omar no le surgiera un empleo cerca, aunque el negocio no daba para los dos.

Omar quería un poco de estabilidad, un piso para nosotros dos y poder, por fin, celebrar la fiesta.

Nos pusimos a buscar un piso de alquiler. Nos topamos con mil y un obstáculos. No encontrábamos, ni caros ni baratos. La mayoría no quería alquilar nada a extranjeros porque dicen que son problemáticos y..., si uno lo es, seguramente todos lo son. ¡Todos en el mismo saco!

Pero no me dejé desanimar. Sabía que tarde o temprano encontraríamos a alguien que no pensara así. Y no me equivoqué: encontramos un piso al lado del de mis padres. Era un poco caro, pero estaba bien arreglado.

Compramos las cosas necesarias y celebramos la fiesta en casa de mis padres. Mi padre avisó a los vecinos, porque no quería que la gente se quejara por las molestias que les pudiéramos causar.

El mejor regalo fue la visita de Vera. Llegó desde Almería para acompañarme en esos días que yo esperaba con tanta ilusión y nervios. Siempre le he agradecido su presencia. Durante tres días dormimos en la misma habitación, nos explicamos intimidades y secretos. ¡Disfrutamos como locas! Ella esperó a verme vestida de blanco antes de marcharse, y se llevó de recuerdo unas fotos que nos habíamos hecho juntas el día que llegó.

Durante esos tres días entendí perfectamente el protagonismo que Hayat experimentó en su momento: me sentí como una reina, y como las reinas mandan, me aproveché de la generosidad de mis hermanas pequeñas, Rashida y Karima.

Unos días después recibí un regalo de mis amigas del instituto: Marta, Marisé, Teresa, Mónica, etc. ¡Me puse tan contenta!

IKRAM

Siete meses después de la fiesta de mi boda, me quedé embarazada. Nos alegramos muchísimo. No me daba miedo ser madre, pero sabía que tendría que aprenderlo todo.

El tiempo pasaba y pasaba, y mi barriga crecía y crecía. Tuve que pedir la baja al médico, porque me cansaba en seguida y, al verme incapaz de realizar el mismo trabajo que hacía hasta entonces, sentí que el mundo se me caía encima.

—Hoy he visto a una amiga de la EGB, Laura. ¡También está embarazada! —le expliqué a Omar.

Hacía muchos años que no la veía y la echaba de menos. ¡Qué mayores éramos ya!

Ese día nos quedamos charlando un buen rato, y en pocas horas nos explicamos nuestras vidas. De vez en cuando dejábamos escapar suspiros de embarazadas.

—Parece mentira que estemos a punto de ser madres —decía Laura, acariciándose con una mano la barriga mientras con la otra sostenía una bolsa del supermercado.

—Si hace nada que jugábamos a la pelota en el patio del colegio —añadía yo.

Le expliqué que había cambiado de empleo y que trabajaba en el Hospital General, en la cocina, y que me gustaba mucho y tenía muy buenas compañeras. Ella me dijo que hasta hacía poco también trabajaba, pero que cuando se enteraron de que estaba embarazada, no le quisieron renovar el contrato.

Nos mirábamos y nos reíamos, cada vez más fuerte.

La gente que pasaba a nuestro lado nos observaba y continuaban su camino. ¡Qué debían de pensar!

Entre recuerdo y recuerdo, se pasó el rato sin que nos diéramos cuenta. Laura y yo nos entendíamos muy bien; a veces, sólo con gestos.

Desde aquel día nos vemos más a menudo.

Un día, Omar llegó del trabajo y me encontró muy triste, estirada sobre el sofá marrón del comedor.

—Laila —me dijo—, últimamente te has descuidado mucho. ¿No dices que te deprimes cuando piensas en los estudios? Pues ahora podrías aprovechar y hacer un cursillo de algo que te fuera útil.

Tenía toda la razón. Tumbada en el sofá no iba a aprender gran cosa, la verdad.

Dicho y hecho. El día siguiente me presenté en el IES a pedir información. Se me había metido en la cabeza estudiar para auxiliar de enfermería. Tendría que estudiar en casa y prepararme para examinarme en junio.

Le expliqué mis intenciones a una amiga, Carmen, que era profesora, y ella me animó. El padre de Carmen, un profesor jubilado, se ofreció para ayudarme desinteresadamente en lo que necesitara y se lo agradeceré eternamente.

Me pasó una cosa muy curiosa: cuanto más me crecía la barriga, más valiente y más fuerte me sentía para hacer cosas. Aquella criatura que llevaba en el vientre me llenaba de energía positiva.

Muchas veces, Omar me miraba mientras estudiaba y me decía que si no aprobaba los exámenes ni en junio ni en septiembre, que no me preocupara, que una vez hubiera nacido el bebé lo podría intentar de nuevo. En el fondo él no estaba nada convencido de que pudiera aprobar, por eso me hacía esos comentarios.

Mi madre, que ya no veía los estudios como una cosa inútil, me dio muchos ánimos. Mi padre parecía más interesado que nadie, y además, él sí que confiaba en que aprobaría los exámenes.

El día 18 de febrero del año 2002, a las 11.54 de la mañana, nació mi pequeña. Evidentemente, fue el día que más recordaré durante toda mi vida. El parto fue difícil y largo, suficiente para darme cuenta de la importancia que tienen nuestras madres para nosotros y la importancia incalculable que podemos tener los hijos para nuestros padres. La comadrona la cogió para ponérmela en el lado del corazón. Tuve un cúmulo de sensaciones: alegría, miedo, inquietud por si le pasara alguna cosa y más alegría. La primera pregunta que se me pasó por la cabeza fue: «¿Es cierto que esta pequeñita es mía?».

«¿Cómo es que una criaturita que acaba de llegar al mundo se puede hacer querer hasta el punto de superar cualquier otro tipo de amor y pasar por delante de los hermanos, los tíos y la pareja?», pensaba mientras una enfermera rubia y simpática lavaba a Ikram.

Cuando nació Ikram, Omar se puso tan contento que me recitó un fragmento de un poema árabe. Decía así:

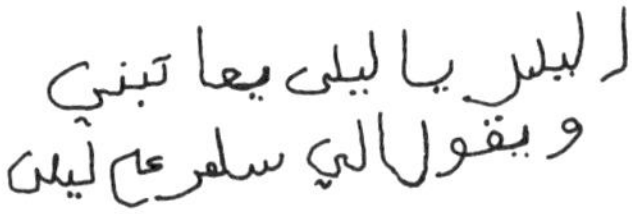

Al lailo i Laila you atibouni
Wayakulo li salem a Laila

(Laila, la noche se pelea conmigo
y me dice que salude a Laila)

Ikram era regordeta y tenía unos ojos enormes. Todos le buscaban parecidos con su padre o su madre:

—Es como su madre —decía una vecina de mis padres.

—¡Qué dices! Es clavada a su padre —replicaba otra.

Mis hermanas también tenían mucho que decir.

—En eso de regordeta sí que es clavada a ti —dijo la «simpática» de Rashida. Sabía muy bien que no me gustaba que me llamaran regordeta.

—Esta niña será muy activa —decía mi madre, y añadía—: Los nietos se reciben con la misma ilusión que los hijos, ya sea el primero o el cuarto.

Yo sólo miraba a Ikram, que movía las manitas con mucha gracia. Era como si me buscase por el olor; movía la cabeza de un lado a otro y también los pies, como si estuviera haciendo ejercicio. Y yo pensaba que mi Ikram era demasiado pequeña para parecerse a nadie que no fuera a sí misma.

Omar y yo decidimos que le hablaríamos en bereber, como nuestros padres nos hablaban a nosotros. El bereber es mucho más difícil que el castellano. De pequeña no le costaría nada aprenderlo, y luego poco a poco le iríamos enseñando el castellano, con canciones, cuentos...

—Además, su primo y los hijos del tío Abderahman ya le hablarán en castellano tanto si lo entiende como si no —dijo Omar.

La lengua no sería ningún problema. Ikram acabaría aprendiéndolo todo.

Omar y yo hablábamos en bereber, pero inconscientemente, de vez en cuando se nos escapaba algún castellanismo como: ¡claro!, ¡vaya!, ¡sí, hombre!

Cuatro meses después, en junio, me examiné para conseguir el título de auxiliar de enfermería. ¡Y aprobé!

—¿Ves como todo se arregla? —me dijo Omar.

Tenía razón. En poco tiempo había tenido dos alegrías: Ikram y mi título de auxiliar de enfermera. Me di cuenta de que los cuatro años en el instituto me habían servido de mucho.

Omar aprendió en seguida a preparar biberones, a cambiar pañales... Es un padrazo. Me costó mucho hacerle entender que los niños muy pequeños duermen mucho. Él siempre quería jugar con Ikram cuando regresaba del trabajo.

Omar, que era un chico muy serio, cambió un poco y se volvió más divertido. En cuanto cruzaba la puerta, la primera palabra que pronunciaba era «Ikram».

Todavía vivo en la ciudad que me acogió hace dieciocho años y que me ha enseñado tantas cosas de la vida, positivas y negativas. Este lugar ha sido muy importante para mí, y al igual que mi ciudad natal, Nador, siento que forma parte de mí; y yo formo parte de ella, ¿por qué no decirlo? Me siento española y privilegiada por poder conocer dos culturas diferentes, opuestas, y cada una con su magia y su encanto.

Muchas veces reflexiono sobre la vida, la mía y la

de todos. Pienso que con tiempo, inteligencia y experiencia, todo se acaba por superar.

A veces pienso que mis «problemas» y mis conflictos mentales son insignificantes en comparación con otros muchos asuntos más serios y de muy difícil solución.

He aprendido a convivir con gente que tiene una mentalidad muy distinta de la mía. He aprendido a valorar más a las personas, a compartir sentimientos y a intercambiar opiniones.

No he perdido mi cultura ni mis raíces, sino que he ganado otra cultura y otras costumbres. Me gusta hacer un buen cuscús para comer y una tortilla de patatas para cenar. ¿Por qué no?

AGRADECIMIENTOS

Los hechos que me han llevado a escribir este libro son diversos. Mi intención era hacer un poco más visible la barrera que existe entre las diferentes culturas. Cada vez llegan más extranjeros a España, gente de lugares diferentes que, por diversos motivos, se siente obligada a dejar atrás sus raíces, a cerrar los ojos y a seguir adelante sin saber con qué se puede encontrar.

Conocernos un poco mejor puede facilitar la convivencia entre los unos y los otros. Que nuestros hijos aprendan castellano en el colegio y a través de ellos muchos padres puedan aprender y enriquecer así la lengua, es un hecho que valoro mucho.

Necesitaba expresar todo esto en un libro, en memoria de mis abuelos y, sobre todo, para agradecer el coraje y el valor que tuvieron mis padres al vivir separados, cada uno a un lado del Mediterráneo, durante tantos años. Hicieron esfuerzos sobrehumanos para poder cuidarnos, darnos una educación, y sobre todo para traernos aquí y tener la posibilidad de vivir una vida que nos enriqueciera con otras experiencias. Evidentemente lo han logrado.

También agradezco el apoyo que tuvimos de todos los profesores de los colegios y del instituto; como también las admirables amistades que hice después: Carmen Ricart y toda su familia, en especial, sus padres; Jordina Prats y mucha otra gente que de una forma u otra me han ayudado mucho.

Omar es un personaje muy importante, que ha influido bastante en mis decisiones y me ha dado el pequeño empujón que todos necesitamos en un momento u otro.

Un recuerdo para mi abuela de Holanda, que el 30 de diciembre del año 2002, lo mismo que mi otra abuela, nos dejó definitivamente. Un gran beso.

MI FAMILIA

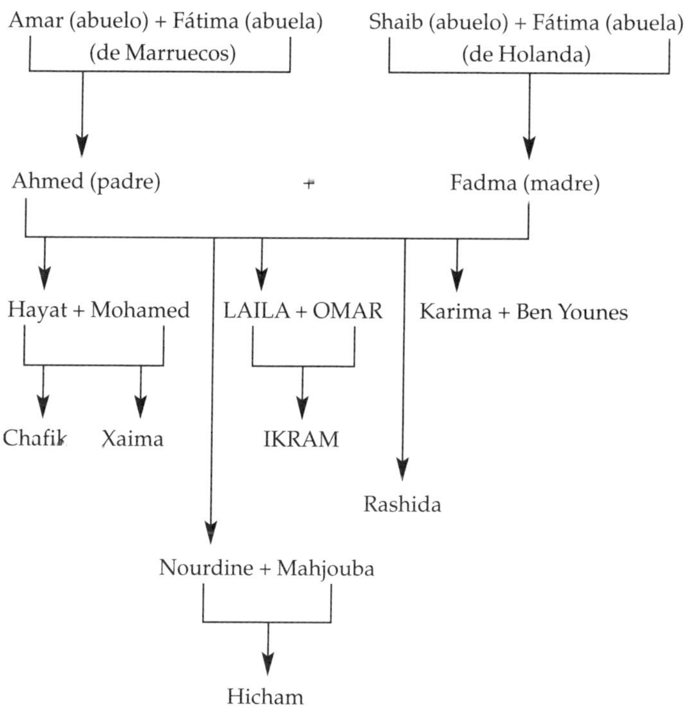
Amar (abuelo) + Fátima (abuela)
(de Marruecos)
Shaib (abuelo) + Fátima (abuela)
(de Holanda)
Ahmed (padre)
+
Fadma (madre)
Hayat + Mohamed
LAILA + OMAR
Karima + Ben Younes
Chafik
Xaima
IKRAM
Rashida
Nourdine + Mahjouba
Hicham

GLOSARIO DE TÉRMINOS ÁRABES

Al·lah. Dios.
Al·lah Uakbar. Dios es grande.
bereber. Lengua que se habla en el norte de África y que tiene diferentes dialectos.
chilaba. Vestido típico. Se coloca sobre la vestimenta. Es amplia, larga hasta los pies, con mangas largas y no marca el cuerpo de la mujer.
cuscús. Plato típico. Es una especie de sémola que se cocina al vapor. Se puede acompañar con verduras, leche, o también hacer un plato de cuscús dulce poniéndole por encima azúcar y canela.
dirham. Moneda de Marruecos.
enxagal·lah. Ojalá.
hamdulil·lah. Es una forma de agradecer a Alá lo que tenemos y lo que nos ha dado.
hanna. Yaya, abuela.
harera. Sopa de verduras, con todo tipo de verduras. Se le añaden trocitos de carne pequeños y especias para que tenga buen olor y un gusto exquisito. El mes del Ramadán es la mejor temporada para la *ha-*

rera, que se cocina prácticamente todos los días para romper el ayuno.

henna. Hierbas naturales. Se trituran hasta formar un polvo. Se le pone agua y se mezcla. Se utiliza para el cabello, como tinte, y para las manos y los pies.

Hispania. España.

I'd-Adha. Fiesta del sacrificio del cordero.

iema. Mamá en berebere.

lala. Equivale a tía. Se utiliza para dirigirse respetuosamente a las señoras mayores. También llaman así los jóvenes a su suegra.

lala zasrez nnag. Nuestra novia.

rafki. Imán, hombre que dirige las oraciones de los musulmanes en la mezquita.

Ramadán. Mes sagrado. No se puede comer ni beber desde que sale el sol hasta que se pone.

Salam Alikum. Saludo.

sidi murai nnag. Nuestro novio.

zaxneft. Plato típico.

zasotx. Polvo de color negro. Sirve para pintarse los ojos, para «hacerse la raya».

ÍNDICE

Laila Karrouch nació en Nador, Marruecos, en 1977. A los ocho años, y después de que su padre consiguiera un trabajo en España, se trasladó a nuestro país junto a su madre y hermanos. Y aquí continúa desde entonces.

Colaboradora de diarios y revistas, Laila trabaja en la actualidad como auxiliar de enfermería. Aficionada a la pintura, actividad que cultiva en sus ratos libres, *Laila* es su primera incursión en la literatura, pero no será la última. En la actualidad está preparando una recopilación de cuentos tradicionales árabes; seguramente para enriquecer la fantasía de nuestros niños con la de los que viven al otro lado del Estrecho.

Casada y con una hija, Laila está convencida, por propia experiencia, de que conocer otras culturas ayuda a eliminar barreras previamente fijadas y, muy probablemente, heredadas. Aunque se siente feliz viviendo en España, siempre que puede, en verano, viaja a su Marruecos natal. En su hogar, su pasado y su presente viven entrelazados.

Si te ha gustado el libro, no te pierdas

Benny y Omar

Benny y Babe

Nautilus
A partir de 12 años

El diario secreto de Adrian Mole
Sue Townsend

¿Quién cuenta las estrellas?
Lois Lowry

El curso en que me enamoré de ti
Blanca Álvarez

Caminar sobre hielo
Manuel Valls / Norberto Delisio

Me gustan y asustan tus ojos de gata
José María Plaza

Benny y Omar
Eoin Colfer

Benny y Babe
Eoin Colfer

Laila
Laila Karrouch

El tapiz de Bayeux
Fernando Martínez Laínez

La reina de los piratas
Miguel M.ª Astrain

Endrina y el secreto del peregrino
Concha López Narváez

El museo de los sueños
Joan Manuel Gisbert

Las Alas de la Noche
Emili Teixidor

Los caminos del miedo
Joan Manuel Gisbert

La colina de Edeta
Concha López Narváez

La fuga
Carlos Villanes

El tiempo de los sueños
Milo J. Krmpotic'

El enigma de la Dama Afgana
Francisco M. Marín

El billete de un millón y otros cuentos del dinero
Seve Calleja

Héroes y heroínas. Un mundo de pasiones
Toni Llacay y Montserrat Viladevall

El escarabajo de Horus
Rocío Rueda